초등학생을 위한
역사란 무엇인가

# 초등학생을 위한
# 역사란 무엇인가

읽고 상상하고 체험하는 역사

김한종·김승미·박선경 지음 | 이시누 그림

책과함께어린이

## 차례

| | | |
|---|---|---|
| 서문 | 역사에서 지난날 사람들의 삶을 생각해 보아요 | 8 |
| 들어가며 | 역사는 과거에 일어난 일일까요? | 11 |

### 1장 역사 이야기에서 역사적 사실로 — 15

- 대한민국의 이념이 된 단군 이야기 — 17
- 역사적 사실이 이야기로 바뀐 홍길동 — 24
- 후세 사람에 의해 구체적 사실로 바뀌는 역사 기록 — 30
- 이야기가 담고 있는 역사적 사실 — 34
- ◆ **우리 함께 생각해 보아요** ◆ 서로 다른 이야기에서 어떻게 역사적 사실을 선택할까요? — 39
- ◆ **해 보아요** ◆ 역사적 사건을 국가 기념일로 지정해 보아요 — 42

### 2장 일상의 기록으로 역사를 알 수 있을까? — 45

- '원이 아빠에게'–무덤 속 편지가 말해 주는 부부 관계 — 47

- 『쇄미록』-일기가 말해 주는 전쟁 중 사람들의 일상생활　　54
- 『일성록』-국가의 공식 기록이 된 세손의 일기　　62
- 재판 기록-조선 시대 재판에도 증거가 중요했어　　67
- ◆ **우리 함께 생각해 보아요** ◆ 평민이나 노비의 글도 남아 있을까요?　　74
- ◆ **해 보아요** ◆ 가족의 역사를 써 보아요　　78

## 3장 잊힌 사람, 잊힌 이야기　　83

- 황산벌 전투에서 잊힌 인물, 반굴　　85
- 천재 여성 시인, 허난설헌　　90
- 여성이라서 더 혹독한 고문을 당한 동학 농민 혁명 지도자, 이소사　　96
- 김원봉에 가려진 '절친', 윤세주　　102
- ◆ **우리 함께 생각해 보아요** ◆ 잊혔다가 다시 기억되는 역사 인물은 없을까요?　　110
- ◆ **해 보아요** ◆ 내가 찾은 독립운동가　　113

## 4장 다양한 눈으로 보는 역사　　117

- 청야 전술과 고구려 농민　　119

- 끌려간 조선 도공은 왜 돌아오지 못했을까? 124
- 독립운동가는 어떤 사람들일까? 129
- 양반과 노비의 이중 관계 135
- ◆ **우리 함께 생각해 보아요** ◆ 왜 우리는 역사를 하나로 기억할까요? 141
- ◆ **해 보아요** ◆ 여러 사람의 눈으로 역사를 이야기해 보아요 144

## 5장 유적과 유물을 어떻게 보존해야 할까? 149

- 박물관에 복제품이 나타났다 151
- 고향으로 돌아가게 된 불탑 159
- 엘긴 마블스를 둘러싼 영국과 그리스의 갈등 165
- 유물과 유적의 이름에 담긴 비밀을 찾아서! 172
- ◆ **우리 함께 생각해 보아요** ◆ 황룡사지 9층 목탑을 재현해야 할까? 180
- ◆ **해 보아요** ◆ 나는야, 박물관 도슨트 184

## 6장 다양한 통로로 만나는 교실 밖 역사 189

- 다큐멘터리와 드라마에서 교양물로, 영역을 확대하는 TV 역사 프로그램 191

- 영화는 대중의 역사 인식에 어떻게 영향을 미칠까요?   197
- 다양한 표현 방식으로 역사를 만나요   203
- 체험으로 만나는 역사   211
- ◆ **우리 함께 생각해 보아요** ◆ 어린이를 통해 역사를 재현할 수 있을까?   216
- ◆ **해 보아요** ◆ 한 장의 그림으로 역사를 표현해요   221

## 7장 인터넷에서 역사를 공부해도 될까요?   225

- 인터넷이 만들어 낸 역사 덕후   227
- 디지털 시대의 새로운 역사 공부법 파헤치기   232
- 슬기로운 디지털 역사 공부 생활   239
- ◆ **우리 함께 생각해 보아요** ◆ 역사 속에도 '가짜 뉴스'가 있었을까요?   247
- ◆ **해 보아요** ◆ 인터넷을 검색하여 우리 고장 역사 인물 정보를 만들어 보아요   253

**나오며**  역사 공부를 하는 의미   259

참고한 책과 자료   263

사진 제공   268

## 서문

# 역사에서 지난날 사람들의 삶을 생각해 보아요

큰 서점에 가 보면 어린이용 역사책을 모아서 진열해 놓은 코너를 쉽게 찾아볼 수 있습니다. 다양한 주제들을 재미있게 쓴 책들도 적지 않습니다. 이 책들을 읽을 어린이의 모습을 떠올리면서 "역사책을 좋아하는 어린이들이 이렇게 많구나!"라는 생각에 흐뭇하기도 하네요. 그런데 다른 한편으로는 학교 수업에서 학생들이 싫어하는 과목 중 하나가 역사라는 말이 귓가에 맴돌기도 합니다. 역사 이야기는 재미있는데, 역사 공부는 그렇지 않은 걸까요?

역사를 싫어하는 학생들이 자주 하는 말이 "그거 알아서 뭐해요?"라는 질문입니다. 그런데 역사 공부를 좋아하는 학생들도 종종 이런 생각을 할 겁니다. 왜 그럴까요? 이 책은 이런 물음에 답하기 위해 쓴 것입니다. 그런데 왜 책의 제목이 '역사를 왜 공부해야 하는가?'가 아니라 '역사란 무엇인가?'냐고요? 우리가 알고 있는 역사적 사실이 어떻게 밝혀지고 역사책에 서술되는지 살펴본다면, 역사를 왜 공부해야 하는지 저절로 깨닫게 될 것이기 때문입니다. 그렇지만 이 책에서는 역사가 무엇인지 직접 설명하지는 않겠습니다. 이 책에 나오는 이야기들을 읽다 보면, 여러분 스스로 알 수 있을 겁니다.

저희는 여러분처럼 어릴 적부터 역사 이야기를 듣거나 역사책을 읽는 것을 좋아했어요. 그러다 보니까 지금은 학교에서 역사를 가르치고 있네요. 그런데 역사를 공부하다 보니까 교과서나 일반 역사책에는 나오지 않는데 어린이들에게 들려주고 싶은 이야기들이 있었습니다. 역사책에 나오기는 하지만 좀 다른 눈으로 보았으면 하는 이야기들도 있었고요. 이 책에서는 그런 이야기들을 담았습니다.

이 책을 읽으면서 이야기 속에 나오는 인물들과 그들의 행동, 그리고 이런 이야기가 어떻게 기록되어 오늘날 우리에게 전해지는지 생각해 보세요. 역사는 지난날 사람들의 삶이고, 이를 생각해 보는 것이 바로 역사 공부니까요. 이 책에 실려 있는 이야기들은 여러분이 역사가 무엇이고 왜 역사를 알아야 하는지 생각하는 데 좋은 소재가 되어 줄 겁니다. 그리고 각장 끝부분에 나오는 '해 보아요' 활동도 따라해 보세요. 그러면 여러분은 역사적 사실이 어떻게 밝혀지고 역사가들이 어떻게 연구하는지 알게 될 것입니다.

역사를 통해 지난날 사람들과 마음을 나누듯이, 이 책을 통해 여러분과 저희가 생각을 나눌 수 있기를 기대합니다. 이 책이 여러분 스스로 역사가 무엇인지 생각하고 역사 공부에 흥미를 높이는 데 조금이나마 도움이 되었으면 하는 마음입니다.

2022년 12월 글쓴이 일동

들어가며

# 역사는 과거에 일어난 일일까요?

우리나라 역사에 삼국 시대가 있었다는 것을 잘 알고 있지? 삼국은 어느 나라일까? 고구려, 백제, 신라라고? 맞아! 그 세 나라가 있어서 삼국 시대라고 했어. 그런데 교과서에 보니까 '가야'도 있었다고? 그것도 맞아. 세 나라 외에 가야도 있었어. 가야 외에도 삼국 시대 중반까지는 북쪽에 꽤 큰 나라인 부여도 있었고, 삼국 시대 초에는 지금의 함경도와 강원도 북부에 옥저, 동예 같은 나라, 남쪽에는 마한과 진한, 변한도 있었어. 그런데도 우리는 왜 이런 나라들을 빼고 '삼국 시대'라고 하는 걸까? 더구나 이 나라들에 대해서는 아는 것이 많지 않아. '삼국 시대'라는 말은 고려 때 나온 역사책인 『삼국사기』와 『삼국유사』에서 비롯되었어. 『삼국사기』를 쓴 김부식이나 『삼국유사』를 쓴 일연은 고구려, 백제, 신라 세 나라를 비교적 자세히 서술한 반면 다른 나라 이야기는 별로 다루지 않았어. 그러니까 삼국 시대의 '삼국'은 당시 있었던 여러 나라 중에서 세 나라가 중요하다고 생각해서 붙인 이름이지.

고려 인종 때 묘청은 도읍을 개경(지금의 개성)에서 서경(지금의 평양)으로 옮기자고 주장했어. 서경이 운세가 좋은 땅이어서 도읍을 이리로 옮기면 나라가 크게 발전

한다는 것이었지. 묘청이 도읍을 옮기자고 주장한 데는 개경에 자리를 잡고 있던 귀족들의 세력을 약화시키려는 목적이 있었어. 묘청은 도읍을 옮기자고 주장하는 것이 이런 목적 때문이라고 겉으로는 말한 적이 없어. 그런데도 역사책들은 왜 이렇게 쓰고 있는 것일까? 당시 고려 사회는 높은 지위를 차지하고 많은 재산을 가지고 있던 귀족들과 새롭게 정치적 힘을 키우던 세력들이 대립하고 있었어. 귀족들은 보통 개경에서 대를 이어 살아가면서 자기들끼리 손을 잡고 권력을 독차지하고 있었어. 개경에는 친족이나 자신들과 입장을 같이하는 사람들이 많았고, 노비들도 대부분 개경이나 그 주변에 있었어. 이들은 귀족들이 지위를 지킬 수 있었던 힘이 되었던 거야. 그러니까 도읍을 옮기게 되면 이들의 힘을 약화시킬 수 있겠지. 이런 상황을 고려하여 서경 천도 주장이 귀족 세력을 약화시키는 데 목적이 있다고 짐작하는 거지. 역사를 이해하는 데는 이런 '상상'이 필요해.

역사가 뭘까? 과거에 일어난 일이라고? 맞아! 역사는 지금 일어나고 있는 일이나 앞으로 일어날 수 있는 일이 아니라 지난날 이미 일어난 일이야. 그렇다면 과거에 있었던 일은 모두 '역사'일까? 과거의 사실이 모두 역사가 되는 것은 아니야. 역사는 기록된 과거의 사실인데, 이는 기록을 한 사람이 선택을 한 거야. 그리고 우리가 알고 있는 많은 역사적 사실은 기록에 명확히 나타나 있지 않은 일을 상상하여 하나의 스토리로 만들어 낸 거지. 그렇지만 기록을 한 사람이 자기 마음대로 선택을 하지는 않았을 거야. 사회에 커다란 영향을 미친 사건이나 중요한 역할을 한 사람들을 기록했겠지. 그리고 기록의 내용도 믿을 만해야 할 거고. 거기에다가 스토리를 만들어 내는 역사적 상상도 많은 사람이 보기에 설득력이 있어야 하나의 역사적 사실로 인정을 받게 되는 거야.

  이 책은 너희에게 역사를 기록하거나 연구하는 사람들이 지난날 일어난 일 중 어떤 것들을 선택하고 어떻게 상상해서 우리가 공부하는 역사적 사실을 제시하는지 알려 줄 거야. 책을 읽으면서 너희가 알고 있는 역사적 사실이 어떻게 해서 밝혀졌는지 생각해 보렴. 그리고 너희도 나름대로 과거에 일어났던 일 중 하나를 선택해서 상상을 통해 이야기로 만들어 보도록 해. 그럴 때 이 책은 너희에게 더 흥미롭게 다가오고, 너희도 한 사람의 역사가와 같은 경험을 할 수 있을 거야.

1장

# 역사 이야기에서
# 역사적 사실로

'역사' 하면 어떤 생각이 떠오르니? '옛날이야기'라고? 그래! 너희뿐 아니라 많은 사람들이 '역사'라는 말을 들으면 옛날이야기를 떠올린단다. 역사가 지난 일을 다루는 것이고, 많은 역사적 사건은 옛날이야기처럼 줄거리를 가진 이야기로 구성되니까 틀린 말은 아닐 거야. 옛날이야기 중에는 과거에 일어난 일을 소재로 하는 경우가 많단다. 옛날이야기의 일종이라고 할 수 있는 신화나 설화는 그 내용 자체가 실제 사실은 아니더라도 과거 있었던 일을 그 안에 담고 있는 경우가 많아. 그렇지만 지난날 일어났던 모든 일이 역사가 되지는 않는 것처럼, 옛날이야기 자체가 역사적 사실은 아니란다. 그렇다면 어떤 옛날이야기가 역사가 되는 것일까? 그리고 전해지는 이야기가 어떤 과정을 거쳐서 우리가 아는 역사로 바뀌는 것일까? 몇 가지 이야기를 통해 역사적 사실이 어떻게 만들어지는지 보기로 하자꾸나.

# 1

# 대한민국의 이념이 된
# 단군 이야기

## 단군 신화 이야기

단군은 하늘을 통치하는 신의 아들인 환웅과 원래 곰이었지만 사람이 되었다는 웅녀 사이에서 태어났어. 환웅은 인간들을 편히 살게 하겠다는 꿈을 가지고 태백산의 신단수라는 나무 아래로 내려왔단다. 환웅은 이곳에 신시라는 지역을 만들어 다스렸다고 해. 그런데 어느 날 호랑이와 곰이 찾아와 인간이 되게 해 달라고 부탁을 했지. 환웅은 호랑이와 곰에게 마늘과 쑥만을 주면서 100일 동안 동굴에서 나오지 않고 살아갈 수 있다면 인간이 될 수 있다고 말했어. 호랑이와 곰은 동굴에 들어가서 지냈지만, 호랑이는 결국 견디지 못하고 동굴을 뛰쳐나오고 말았어. 그러나 곰은 이 생활을 잘 견뎌 내다가 21일 만에 인간 여성이 되었지. 이 여성이 '곰 여인'이란 뜻의 웅녀야. 환웅은 웅녀와 결혼하여 단군을 낳았지. 단군은 평양성을 수도로 나라를 세웠는데, 그 나라의 이름을 '조선'이라고 하였어. 이것이 우리나라 최초의 국가인 고조선이야. 그 후 단군은 1,500년간 나라를 다스리다가 신선이 되었다고 해.

## 단군 신화는 어떻게 해서 건국 이야기가 되었을까?

너희도 잘 아는 이야기지? 위의 단군 신화는 『삼국유사』라는 역사책에 실려 있어. 『삼국유사』는 고려 후기인 1281년경 불교 승려인 일연이 처음 펴냈단다. '1281년'이 아니고 왜 '1281년경'이냐고? 『삼국유사』에는 책을 언제 썼는지 명확히 나오지 않고, 이를 알 수 있는 다른 기록도 없기 때문이야. 고려 때 일연이 썼던 『삼국유사』

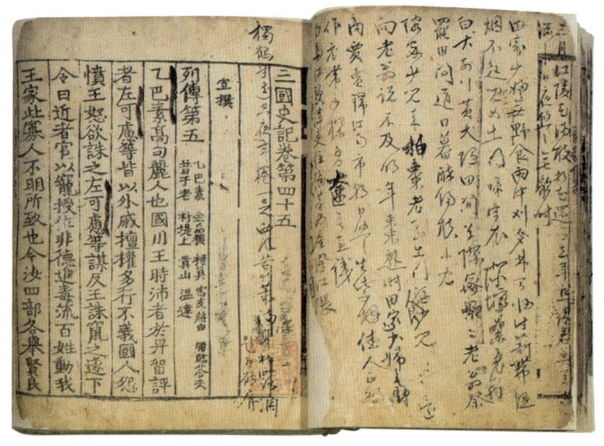 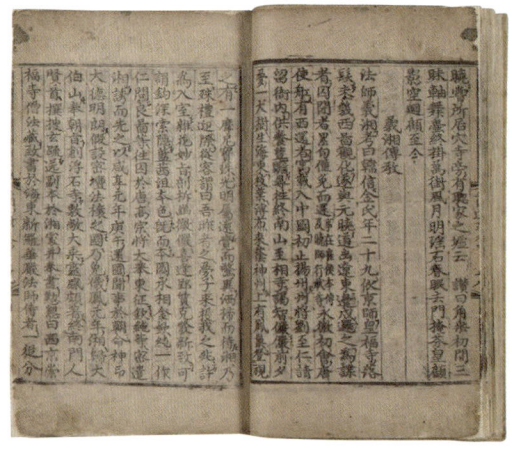

『삼국사기』와 『삼국유사』

강화도 마니산 참성단

는 현재 전하지 않고, 그보다 약 100년 후 조선 때 만든 『삼국유사』만 남아 있단다.

고려 다음에 들어선 나라가 조선이란 건 잘 알고 있지? 조선이라는 나라 이름은 고조선의 '조선'에서 따온 거야. 조선이 고조선을 이은 나라임을 내세운 거란다. 그러니까 조선을 세운 사람들은 고조선을 우리나라 최초의 국가로 자리매김하고 싶었을 거야. 자연히 고조선을 세운 이야기인 단군 신화가 우리나라 건국 신화가 된 것이고. 이후 조선 시대 사람들은 단군이 고조선을 세웠다는 평양에 사당을 짓고, 단군이 신선이 되었다는 강화도에 참성단을 세워 단군에게 제사를 지냈어.

## 민족 단결의 구심점 단군 정신

사람들은 점차 단군을 우리나라의 시조라고 받아들이게 돼. 그리고 단군이 나라를 세운 정신이 곧 우리나라의 정신이라고 생각하게 된 거지. 그래서 나라나 사회에 어려움이 닥치면 단군 정신을 되새기곤 하였어.

1909년 나철은 단군교를 세웠어. 당시는 일본의 침략으로 나라가 식민지가 되기 직전이야. 1905년 을사조약으로 외교권도 일본에게 빼앗기고, 군대도 해산당하고, 경찰과 감옥의 운영도 일본인들이 하던 시절이지. 이때 단군교를 만든 것은 단군을 받들고 단군 정신으로 하나가 되어 나라를 지키자는 뜻이었어. 그러나 이듬해 결국 우리나라가 일본의 식민지가 되자, 단군교라는 이름을 대종교로 바꾸고 독립운동에 힘쓰게 돼. '대종'이란 하느님이라는 뜻이야. 단군을 하느님과 같이 받들고 그 정신을 지키는 것이 민족의 힘을 하나로 모으는 길이라고 생각한 거야. 특히, 대종교를 믿는 사람들은 일본에 맞서 무력 투쟁의 길을 택했어.

단군의 정신이 우리 민족을 하나가 될 수 있게 해 줄 것이라는 생각은 그 뒤에도 이어지게 돼. 일본은 1937년 중국과 전면 전쟁에 들어갔으며, 1941년 말부터는 미국과도 전쟁을 시작했어. 중국에서 독립운동을 하던 사람들은 일본이 이 전쟁에서 결국 이기지 못할 것이라고 판단했어. 그래서 우리가 독립을 획득할 기회가 왔다고 기대했어. 그리고 우리도 일본을 이기는 데 힘을 보태야 한다고 생각한 거지. 그러기 위해서는 힘을 하나로 모아야 했어. 그런데 독립운동 단체들 사이에서는 사상도 달랐고, 일본과 어떻게 싸울 것인지 생각에도 차이가 많았어. 이 때문에 하나로 뭉치는 것

대종교를 세운 나철의 마지막 사진

이 쉽지 않았지. 이때 사람들이 떠올린 인물이 단군이야. 우리나라 모든 사람들이 동의할 수 있는 게 단군 신화에 나오는 건국 정신이라고 생각한 거지. 그래서 단군 신화에서 환웅이 세상에 내려올 때 말했다는 "인간을 널리 이롭게 한다"는 홍익인간의 이념을 앞세워 독립운동 단체들을 통합했어. 우리나라 사람들을 널리 이롭게 하기 위해 독립 투쟁에 나서고, 독립을 한 다음에도 그런 정신으로 나라를 세우자고. 독립운동가들은 이 말에 동의를 하게 돼. 그래서 많은 독립운동가들이 이 정신을 내세운 대한민국 임시 정부로 힘을 합하게 된 거야. 해방 이후에도 홍익인간은 우리나라 교육 이념이 되었어. 홍익인간은 지금도 여전히 교육 기본법에 나와 있는 가장 기본적인 교육 이념이야.

## 역사적 사실을 기념하는 이유

단군은 사람들을 하나로 모으고, 단군 신화의 정신은 교육 이념이 되었어. 왜 그럴까? 단군 신화의 내용이 정말로 사실이라고 생각해서 그런 걸까? 반드시 그렇지는 않을 거야. 하늘의 신이 세상에 내려오고 곰이 사람이 될 수는 없잖아. 그보다는 이 이야기가 우리나라를 처음 세운 사실에 관한 것이기 때문일 거야. 어느 나라든지 건국 신화가 있어. 건국 신화는 나라를 유지하고 그 나라 사람들이 살아가는 데 중요한 역할을 해. 그것이 사람들이 건국 신화를 기억하는 이유이기도 하지.

현재 단군이 처음 나라를 세운 것을 기념하여 10월 3일을 개천절로 정하고 국경일

로 기념하고 있어. 우리는 모든 역사를 기억하지는 않아. 중요하다고 판단하는 역사, 의미 있다고 평가하는 역사를 기억하고 기념하는 거지. 교과서에 기록되고, 사회에서 기념하는 역사적 사실도 이렇게 선택된 거야. 그런데 이런 선택은 누가 하는 것일까? 역사학자들이 기록을 하거나 역사책을 쓸 때 선택하는 경우가 많을 거야. 기념일은 역사학자들의 연구를 참고하여 국가에서 정하는 것이 보통이야.

역사적 사실은 지난날 어떤 일이 있었는지를 보여 주는 데 그치지 않는다는 것을 알겠지? 단군 신화에 나오는 건국 이념에서 볼 수 있듯이, 역사는 어떤 사회에 살아가는 사람들을 하나로 묶어 주는 역할을 하게 돼. 때로는 지난날에 일어났던 일을 거울삼아 오늘날의 일을 해결하려고 하지. 이런 점을 생각해 보면 역사를 공부하는 이유가 다양하다는 걸 알 수 있을 거야.

# 2

# 역사적 사실이 이야기로 바뀐 홍길동

**홍길동 이야기**

조선 세종 때 홍 판서와 여자 노비 사이에 태어난 길동이란 아이가 있었어. 길동은 남달리 영특하고 재주도 많아서 사람들의 칭찬을 받았어. 그러나 어머니가 종의 신분이었기 때문에 길동은 벼슬을 할 수 없었을 뿐 아니라 아버지를 아버지라고 부르지 못하고, 형을 형이라고 부를 수 없는 처지였단다.

 홍길동은 출세할 수 없는 자신의 처지를 깨닫고 차라리 산속에 들어가 세상을 잊고 살아야겠다고 집을 나섰어. 그러다가 산속에서 도적 떼를 만났는데, 길동의 비범함에 놀란 도적들은 그를 두목으로 뽑았어. 무술이 뛰어났을 뿐 아니라 둔갑술까지 부릴 줄 알았거든. 홍길동은 도적 떼를 이끌고 관청이나 못된 관리들의 집에 있는 물건들을 털어서 가난한 백성들에게 나누어 주었어. 백성들의 재산에는 전혀 손을 대지 않았어. 그래서 홍길동이 이끄는 무리의 이름도 '활빈당'이라고 하였어. 활빈당은 '가난한 사람들을 살리는 무리'라는 뜻이야.

   나라에서는 홍길동을 잡으려고 엄청난 노력을 했지만 모두 실패했어. 이후 홍길동은 자신을 따르는 무리를 이끌고 섬으로 들어가 새로운 나라를 세우고 왕이 되어 잘 통치하다가 어느 날 왕비와 함께 자취를 감췄다고 해.

## 소설 『홍길동전』

위의 홍길동 이야기는 광해군 때의 정치가인 허균이 쓴 『홍길동전』에 나온단다. 허균은 양반 상류층 가문에서 태어났지만, 서얼들과 자주 어울렸어. 서얼이란 소설 속의 홍길동과 같이 아버지는 양반인데 어머니는 평민이거나 노비인 사람을 말해. 허균은 광해군의 총애를 한 몸에 받았지만, 세상을 크게 바꾸겠다는 생각을 하다가 결국 처형을 당했어.

『홍길동전』은 소설이야. 한글 소설 중 가장 오래된 것 중 하나로, 조선 시대부터 많은 사람에게 널리 읽혔어. 조선 후기에도 널리 퍼졌으며, 이후 이야기로도 전하다가 현대에 들어와서도 만화나 영화로 사람들에게 소개되었어. 우리나라에서는 처음으로 아동용 애니메이션으로 만들어지기도 했단다. 허균의 『홍길동전』에서 홍길동은 의적으로 묘사되었으며, 근현대 이야기책이나 만화, 영화 등에서도 의로운 인물로

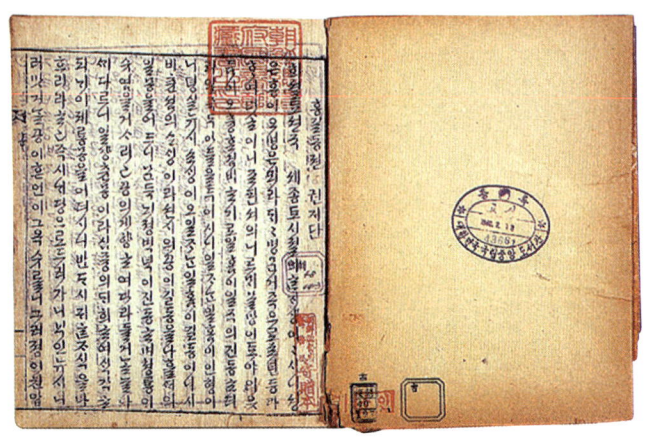

허균의 『홍길동전』

나와. 역사 기록의 홍길동이 아니라 허균이 쓴 소설 『홍길동』을 토대로 했기 때문이지. 이 때문에 우리는 '홍길동' 하면 먼저 의로운 도적이라는 이미지를 떠올리게 돼.

소설이란 작가가 지어낸 이야기지. 실제로 일어났던 역사적 사실을 소재로 하더라도, 소설 내용 속에는 작가가 새롭게 지어낸 이야기가 많이 들어가게 돼. 예를 들어 소설과는 달리 서얼은 높은 벼슬에 올라가는 데 제한이 있었지만, 벼슬 자체를 할 수 없는 것은 아니었단다. 그렇다면 홍길동은 정말로 있었을까? 정말로 있었던 인물이라면, 소설의 내용대로 나쁜 관리나 양반 들을 혼내 주고 이들의 재산을 빼앗아서 가난한 사람들에게 나누어 주는 의적이었을까?

## 도적 홍길동

홍길동은 실제로 역사에 있었던 인물이란다. 조선 후기 실학자인 이익이 쓴 『성호사설』이라는 책에는 홍길동을 대표적인 도적 중 하나로 소개하고 있어. 조선 왕조의 공식적인 역사 기록인 『조선왕조실록』에도 홍길동이 나와. 이에 따르면, 홍길동은 연산군 때 경기도와 충청도에서 활동하던 도적이었어. 홍길동 무리는 대낮에 떼를 지어 거리에서 활개를 치고 양반 부잣집을 습격할 만큼 세력이 컸어. 관청을 드나드는 경우도 있었다고 해. 관리들 중에서는 홍길동 무리를 돕거나 숨겨 주는 사람이 있었으며, 고을의 양반들도 홍길동 무리가 활개를 치는데도 제대로 신고를 하지 않았나 봐.

그렇지만 홍길동 무리의 활동은 소설의 내용과는 달리 농민들을 더욱 어렵게 했어. 이들 때문에 농지를 제대로 측량하지 못해서 세금을 공평하게 걷기 어려웠으며, 농토가 황폐화되어 떠도는 농민들이 늘어났어. 『조선왕조실록』의 기록에는 홍길동 무리가 관청이나 탐관오리의 집을 털어서 가난한 농민들에게 나누어 주었다는 이야기는 나오지 않아. 『성호사설』에는 홍길동이라는 큰 도적이 있었다는 내용만 있지 이들의 활동은 쓰고 있지 않단다. 그러니까 홍길동을 의적이라고 볼 만한 기록은 없는 거지. 그렇다면 홍길동은 의적과는 거리가 먼 단순한 도적에 지나지 않은 걸까?

## 영향을 주고받는 역사적 사실과 이야기

의적이라는 생각을 가지고 『조선왕조실록』의 기록을 다시 한번 볼까? 홍길동 무리는 대낮에 떼를 지어 다녔는데도 사람들이 제대로 신고를 하지 않았다고 했지? 관리들 중 홍길동 무리를 숨겨 주거나 돕는 사람들도 있었고. 왜 그랬을 거라고 생각하

전라남도 장성의 홍길동 테마파크

니? 혹시 이들의 활동을 사람들이 마음속으로 지지한 것은 아닐까라는 생각이 들지 않니? 홍길동 무리의 도적질 때문에 사람들이 살기 힘들었다는 기록은 양반 지배층이 쓴 『조선왕조실록』에 나오는 거니까 그들의 관점을 담은 것일 수도 있어. 홍길동이 어떤 활동을 했든 간에 이들의 눈에는 그저 도적으로만 보였을 테니까. 홍길동을 일반적인 도적이라고 생각하면서 기록을 보는 것과, 의적이라고 생각하면서 기록을 보는 것 사이에는 차이가 있단다. 기록에서 읽어 내는 것과 사람들의 행동에 대한 해석도 달라지게 돼. 어쩌면 허균은 실록에 나오는 홍길동의 기록을 보고, 그가 의로운 도적이라고 해석했을지도 몰라.

이처럼 이야기가 역사로 바뀌는 것뿐 아니라, 역사가 이야기로 바뀌기도 해. 홍길동의 활동이라는 역사적 사실은 『홍길동전』이라는 이야기를 만들어 냈어. 그런데 『홍길동전』이라는 이야기의 내용은 이번에는 반대로 역사 해석에 영향을 미치게 돼. 역사와 이야기가 서로 영향을 주고받는 것이지.

# 3

# 후세 사람에 의해
# 구체적 사실로 바뀌는
# 역사 기록

## 전라남도 영암의 왕인 유적지

전라남도 영암에는 왕인 박사 유적지가 있어. 이곳은 왕인이 태어난 곳으로 왕인이 공부했다는 토굴이 남아 있고, 왕인이 공부한 집이 복원되어 있어. 왕인이 일본으로 건너간 다음 사람들이 그를 기리며 만들었다는 돌로 된 사람상도 있단다. 그 밖에 왕인 사당과 유물 전시관 등도 세워져 있지.

　왕인은 일본에 『논어』와 『천자문』 등을 전하고 일본 왕자에게 학문을 가르친 백제의 학자야. '박사'란 백제에서 학문이 뛰어난 사람들에게 내리는 칭호였어. 그런데 이곳이 왕인의 탄생지라는 것은 어떻게 알려졌을까?

전라남도 영암의 왕인 박사 유적지

## 일본 기록에만 나오는 왕인

왕인은 백제 사람이지만, 그의 활동은 일본 역사책에만 기록되어 있단다. 8세기에 만들어진 일본 기록에는 왕인이 일본의 초청으로 건너가서 학문을 전하고 일본 태자의 스승이 되었다고 쓰여 있어. 그래서 일본 서부 지역 오사카에는 왕인이 묻혔다는 무덤이 남아 있고, 왕인을 모시는 신사도 있단다. 한국의 역사책 중에는 19세기 실학자인 한치윤이 펴낸 『해동역사』에 그 이야기가 처음 나오지만 일본책의 내용을 그대로 옮긴 것이므로 별다른 의미는 없어.

일본 정부와 오사카 지방에서는 19세기 말부터 왕인을 높이 받들고 기념사업도 벌여 왔어. 그 목적은 한국과 일본이 옛날부터 밀접한 교류를 해왔으므로, 합방을 해

일본 오사카의 왕인 무덤

서 다시 한 나라가 되는 것이 자연스럽다는 것을 선전하기 위한 데 있었어. 그렇지만 한국의 입장에서도 왕인이 일본에 학문을 전해 주었다거나 일본 태자의 스승이 되었다는 이야기는 반가운 것이었어. 그래서 왕인의 이야기는 초등학교 사회 교과서에도 자주 실릴 만큼 중요한 역사적 사실이 되었어. 왕인은 한국과 일본 두 나라에서 모두 존경하는 역사적 인물이 된 것이지.

## 전하는 이야기를 구체적인 사실로 받아들이는 목적

8세기 일본 역사책에는 왕인이 일본으로 건너가게 된 계기와 일본 내 활동이 나오지만, 어디에서 태어났는지는 적혀 있지 않아. 그렇다면 어떻게 해서 전라남도 영암에서 왕인이 태어났다는 것을 사실로 알게 되었을까?

왕인이 전라남도 영암에서 태어났다는 기록은 일제 강점기에 간행된 책에 처음 나와. 일제 강점기에는 이를 사실이라고 주장하는 사람들도 나오기 시작했어. 그런데 이 기록의 근거가 무엇인지는 밝히고 있지 않아. 이런 현상은 이후 계속되었어. 그러니까 전해 내려오는 이야기를 토대로 20세기에 간행된 책에 왕인이 전라남도 영암에서 태어났다고 기록했고, 그 다음에는 반대로 이 책을 근거로 왕인이 전라남도 영암에서 태어났다고 말하는 거야.

이처럼 사실 관계가 불명확한데도 왜 영암에 큰 규모로 왕인 유적지를 만들었을까? 왕인 박사 유적지는 1980년대 후반에 처음 만들었어. 이후 전라남도와 영암군이 비용을 들여 확장하고 정비하였지. 자기 지역에 지난날 사회에서 중요한 역할을 한 역사 인물이 있음을 알려서 지역 홍보를 하고 지역민들에게 자부심을 가지게 하려는 목적일 거야. 볼거리를 만들어 관광객을 끌어들이려는 목적도 더해졌겠지. 이런 현상은 지방 자치가 본격화된 1990년대 이후 더 확대되어 지금은 자기 지역 출신 역사 인물을 기념하는 모습을 전국의 많은 지역에서 어렵지 않게 볼 수 있어. 이 과정에서 전하는 이야기를 확인된 사실인 것처럼 홍보한다든지, 구체적인 이야기를 추가하는 현상도 자주 볼 수 있어. 이처럼 이야기는 후세인의 목적을 위해 구체적 사실인 것처럼 바뀌기도 한단다.

# 4

# 이야기가 담고 있는 역사적 사실

## 세상이 뒤집어졌으면 하는 마음

전라북도 고창에 가면 선운사라는 절이 있어. 특히 봄이 되면 절 뒤편 숲에 피는 동백꽃을 구경하려고 많은 사람들이 방문한단다. 선운사에서 산으로 4킬로미터쯤 올라가면 도솔암이라는 암자가 있는데 그 앞쪽 바위에는 부처가 한 분 새겨져 있어. 그런데 예로부터 이 부처의 배꼽에는 세상의 앞날을 알려 주는 비기(비밀스러운 기록)가 들어 있으며, 이 비기의 내용이 알려지면 세상이 바뀐다는 말이 전해졌어. 1894년 동학 농민 혁명이 일어났을 때 지도자 중 한 사람인 손화중이 비기를 꺼냈다는 말이 세상에 퍼졌단다. 그렇지만 실제로 부처의 배꼽에 비기가 들어 있었는지, 손화중이 정말로 비기를 꺼냈는지는 확인된 바 없어. 그런데 당시 왜 이런 말이 퍼졌을까?

선운사 도솔암 마애불
불상 가운데 하얀 동그라미 부분이 배꼽이야.

## 세상을 구원해 준다는 부처, 미륵

도솔암 바위에 새겨진 부처는 미륵이야. 미륵불은 불교에서 머나먼 미래에 땅에 내려와 민중을 구원한다는 부처야. 그래서 사람들은 살아가면서 어려운 일을 겪을 때나 삶이 힘들어질수록 어서 빨리 내려와서 자신을 구원해 달라고 미륵 부처에게 빌었어. 미륵 이야기가 사실이었으면 하는 마음이었을까, 아니면 그렇게라도 해서 살아가는 데 희망을 얻고 싶었을까?

그런데 왜 도솔암의 미륵불 배꼽에 있는 비기의 내용이 알려지면 세상이 뒤집어진 다고 했을까? 동학 농민 혁명이 일어날 당시 농민들의 생활은 매우 어려웠어. 농민들은 국가와 왕실에 여러 명목으로 세금을 내야 했던 데다가 탐관오리들의 횡포는 나날이 심해져 갔어. 더군다나 이때는 농촌 곳곳을 돌아다니면서 자기들의 이익을 위해 활동하던 일본 상인에 의한 피해도 커지던 때였단다. 당시 사람들은 자신이 살아가는 세상에서는 희망이 없다고 생각한 것은 아닐까? 그래서 차라리 지금 세상 자체가 없어지고 새로운 세상이 되었으면 하는 마음이었을지 몰라. 실제로 동학 농민 혁명 직전 전국 곳곳에서 민란이 일어나기도 했어. 동학 농민 혁명은 이처럼 새 세상이 되었으면 하는 농민들의 마음이 모여 일어난 대규모 농민 항쟁이었어. 그렇지만 동학 농민 혁명은 성공하지 못했어. 그래서 세상이 뒤집어지지도 않았고, 민중이 어려움을 겪는 사회도 여전히 그대로 계속되었지.

## 미륵 이야기를 사실로 믿고 싶어 하는 사람들

'미륵'이라는 말을 들을 때 한국사에서 떠오르는 가장 유명한 인물은 후고구려를 세운 궁예일 거야. 신라 왕실에서 태어났다고 알려진 궁예는 집안이 왕위 다툼에서 밀려난 이후 전국을 떠돌다가 농민 반란 세력을 토대로 후고구려를 세웠어. 농민들이 새로운 세상을 원하고 있음을 잘 알고 있었던 궁예는 이들의 지지를 얻기 위해 자신이 세상을 구하는 미륵 부처라고 내세웠어. 이 말을 들은 많은 사람들이 궁예에게 몰

경기도 안성의 궁예 미륵

려들었지. 궁예는 나라를 세우고 왕이 되었어. 후고구려는 당시 있었던 신라, 후백제, 후고구려 세 나라 중에서 가장 큰 나라로 성장했어. 그러나 오만해진 궁예는 백성을 위하는 마음을 잃어버린 채 자기 마음대로 정치를 하다가 고려를 세운 왕건에게 쫓겨나 죽음을 당하고 말았어.

자신이 미륵이라고 주장한 것은 궁예만이 아니야. 국가의 가혹한 세금이나 탐관오리들의 횡포에 시달리다가 도적이 되거나 봉기를 일으킨 농민들이 스스로 미륵의

무리라고 말하는 경우도 많았어. 자신들이 세상을 구원할 집단이라는 의미였지. 농민 봉기가 많이 일어났던 조선 후기에 특히 이런 일이 잦았어. 이들은 미륵 이야기가 정말로 사실이었으면 하는 간절한 마음이었을 거야.

   오늘날에도 많은 사람들이 미륵불 앞에서 자신의 소원을 빌고는 해. 이들이 미륵 이야기가 현실 사회에서 정말로 실현될 것이라고 믿는 것인지는 알 수 없어. 그렇지만 그렇게 믿고 싶어 하는 마음인 것은 확실해. 이야기를 사실로 믿고 싶어 하는 마음이 실제로 역사적 사실을 만들어 내는 것이라고 할 수 있을 거야.

◆ 우리 함께 생각해 보아요 ◆

# 서로 다른 이야기에서
# 어떻게 역사적 사실을 선택할까요?

우리가 알고 있는 단군 신화는 『삼국유사』에 나온다고 했지? 그런데 비슷한 시기에 나온 『제왕운기』에도 단군 신화가 들어가 있어. 그렇지만 『제왕운기』의 단군 신화 내용은 『삼국유사』와는 약간 차이가 있어. 『제왕운기』에서는 환웅이 손녀에게 약을 먹여 사람의 몸이 되게 한 다음 나무의 신과 결혼시켰으며, 단군은 그들 사이에 태어났단다. 이처럼 역사 이야기 중에는 하나의 이야기가 서로 다른 내용으로 전하는 경우가 종종 있어. 우리는 그중에 더 설득력이 있는 이야기를 사실로 받아들이는 거지.

그중에는 『삼국사기』에 나오는 백제의 건국 이야기도 있어. 고구려를 세운 주몽은 원래 살던 동부여에서 결혼을 해서 아들 유리를 낳았지. 그런데 졸본 땅으로 와서 고구려를 세우고 소서노라는 여성과 다시 결혼을 해서 비류와 온조라는 아들을 낳았어. 나중에 큰아들인 유리가 주몽을 찾아오자 자신이 왕이 되기 어려울 것임을 알게 된 비류와 온조는 자신을 따르는 사람들을 이끌고 남쪽

으로 내려갔지. 비류와 온조는 각각 다른 곳에서 나라를 세웠는데, 비류가 세운 나라는 실패하고 온조가 세운 나라가 성공하여 백제로 성장했어. 이것이 우리가 아는 백제의 건국이야.

여기에서 비류와 온조의 아버지는 주몽이야. 그런데 『삼국사기』에는 한 가지 이야기가 더 전해져. 비류와 온조는 소서노와 주몽이 결혼하기 이전 소서노와 우태(북부여왕 해부루의 손자) 사이에서 태어났다는 거야. 우태가 먼저 죽고 주몽이 졸본으로 이주해 오자 소서노는 그와 결혼해서 온 힘을 다해 고구려를 세우는 데 도움을 주었어. 그러나 유리가 나타나서 왕위를 잇게 되자, 비류는 동생인 온조를 설득해서 어머니인 소서노를 모시고 남쪽으로 내려가서 미추홀(지금의 인천)에 나라를 세웠는데, 이 나라가 백제야. 이에 따르면 주몽은 비류와 온조의 아버지가 아니며, 백제를 세운 사람은 온조가 아닌 비류인 거지.

그런데 왜 우리는 흔히 비류와 온조의 아버지는 주몽이고, 백제를 세운 사람은 온조라고 알고 있는 것일까? 그것은 두 이야기가 모두 『삼국사기』에 실려 있지만, 『삼국사기』가 우리가 알고 있는 백제 건국 이야기를 기본적인 내용으로 쓰고 있기 때문이야. 소서노와 비류 중심의 백제 이야기는 '이런 이야기도 있다'고 덧붙여 소개하고 있을 뿐이야. 두 이야기 모두 같은 책에 전하지만, 그 책에서 주된 이야기로 쓰여 있는 내용을 백제의 건국 설화로 인정한 것이라고 할 수 있어. 이것이 역사학자들이 사료를 판단하는 방식이야. 그런데 뒤의 이야기가 백제의 건국 사실을 제대로 담고 있다고 믿는 사람들도 있어. 이들은 미추홀에 도읍한 백제가 한반도와 중국, 일본을 아우르는 해상 활동을 했다고 말하고 있어. 그런데 이들의 주장은 일반적으로 왜 받아들여지지 않고 있는 것일까? 그것은 이런 주장이 별다른 근거를 가지고 있지 않은 막연한 추측이기 때문이야. 이에 반해 온조가 백제를 세웠다는 이야기는 이후의 기록에도 나오며, 유적과 유물로도 뒷받침돼. 역사적 사실을 밝히는 데는 상상이 필요하다고 했지만, 그 상상은 기록이나 유적과 유물 같은 근거를 토대로 해야 해. 그것이 일상생활에서 하는 막연한 상상과 역사적 상상의 차이야.

◆ 해 보아요 ◆

## 역사적 사건을 국가 기념일로 지정해 보아요

3·1절, 제헌절, 광복절, 개천절, 한글날이 국경일인 것은 잘 알지? 국경일은 나라 차원에서 축하할 만한 일이 일어났던 날이야. 그리고 국경일은 아니지만 부처님 오신 날이나 성탄절은 많은 사람들이 믿는 종교의 기념일이라 휴일로 지정되어 있어. 그런데 이 밖에도 국가 차원에서 기념할 만한 사건이 일어났거나 그 의미를 되새기기 위한 목적으로 기념일로 지정한 날들이 있어. 이날에는 관련된 국가 부서나 공공 기관, 단체 들이 기념행사를 해서 그 정신을 기리고는 해. 2022년 8월 현재 국가 기념일은 65개가 있어. 그중에는 4·19 혁명 기념일, 6·25 전쟁일, 학생 독립운동 기념일(11월 3일)과 같이 역사적 사건이 일어났던 날도 있고, 근로자의 날(5월 1일), 어버이날(5월 8일), 현충일(6월 6일), 경찰의 날(10월 21일)과 같이 우리 사회를 유지하는 데 기여한 집단의 노고를 되새기는 날도 있단다. 환경의 날(6월 5일), 정보 보호의 날(7월 둘째 수요일), 푸른 하늘의 날(9월 7일)과 같이 사회가 지향해야 할 가치와 방향을 생각하는 날들도 있어.

그런데 국가 기념일로 지정된 역사적 사실은 대부분 지금과 가까운 시기에 일어난 일이야. 조선 후기까지의 역사적 사실은 충무공 이순신 탄신일(4월 28일) 하루밖에 없어. 역사적 사건보다는 우리나라에서 가장 존경받는 인물 중 한 명인 이순신이라는 인물을 기념하는 날이지. 이순신 탄신일 이외에 오래전에 일어났던 역사적 사건 중 국가 기념일로 지정할 만한 사건은 없을까? 어떠니, 너희가 한 가지씩 지정해 보렴. 다음 순서를 참고하되, 구체적인 내용은 너희 나름으로 조정해도 괜찮아.

❶ **현재 국가 기념일로 지정되어 있는 역사적 사건과 인물을 확인해 보아요.**
— 인터넷에서 〈각종 기념일 등에 관한 규정〉 및 〈국경일과 법정기념일〉[theme.archives.go.kr/next/anniversary/viewMain.do]을 검토하여 어떤 날들이 국가 기념일로 지정되어 있는지 확인하도록 해. 그리고 이 중 역사적 사건과 인물을 기념하는 날이 무엇인지 찾아서 어떤 사건이나 인물에 관한 것인지 간단히 알아보렴.

❷ **국가 기념일로 지정할 만한 조선 후기까지의 역사적 사건 중 하나를 선택해요.**
— 조선 후기까지 일어난 사건 중 국가 기념일로 지정할 만한 사건을 선택하여, 그 내용을 간단히 설명해 보렴.

❸ **국가 기념일로 지정해야 할 까닭을 설명해요.**
— 너희들이 선택한 사건을 국가 기념일로 지정해야 하는 이유를 제시하도

록 해. 역사적 사실을 근거로, 그 사건이 왜 국가 차원에서 기념할 만큼 중요한지를 설득력 있게 설명할 수 있으면 좋겠지.

❹ **국가 기념일 행사 계획을 짜 보아요.**

— 국가 기념일에 사건을 기념하기 위해 어떤 행사를 할 것인지 계획하는 거야. 기념식 외에 학교와 사회에서 시행할 행사까지 포함하도록 해.

# 2장

# 일상의 기록으로 역사를 알 수 있을까?

예로부터 많은 나라들은 중요한 일들을 기록한 공식적인 역사책을 만들어 후세에 남기고는 했어. 너희들이 잘 알고 있는 『고려사』, 『조선왕조실록』과 같은 역사서가 바로 그런 경우란다. 역사가들은 주로 이런 기록을 통해 지난날 어떤 일들이 있었는지 밝히고는 하지. 그런데 최근에는 일기나 편지처럼 개인이 남긴 기록, 한 집안의 재산 상속 내용을 기록한 문서, 사람들 사이에서 일어난 갈등을 해결하는 과정이 담긴 재판 기록처럼 '일상'의 기록들도 역사 연구나 교육에서 많은 관심을 받고 있어. 이러한 자료들은 국가에서 만든 공식 역사 기록에서는 볼 수 없는 다양한 사실들을 말해 준단다. 이런 자료에서 지난날 역사의 어떤 점을 알 수 있기에 관심을 끄는 것일까? 지금부터 몇 가지 '일상의 기록'을 통해 한번 살펴보자꾸나.

#  '원이 아빠에게'
...
## 무덤 속 편지가 말해 주는 부부 관계

### 전 세계인이 주목한 편지 한 장

1998년 4월 경상북도 안동시 정상동에서는 주택을 지을 땅을 마련하기 위해 주변의 주인 모를 무덤들을 다른 곳으로 옮기는 작업이 한창 진행 중이었어. 그런데 이 중 한 무덤에서 무덤 주인의 죽음을 슬퍼하며 쓴 시, 당시 사람들이 입었음 직한 여러 벌의 옷과 한 켤레의 신발, 그리고 18통의 편지가 발견되었어. 그중에서도 특히 죽은 사람의 가슴 위에 살포시 놓여 있던 한 장의 한글 편지는 이후 세계적인 잡지 『내셔널 지오그래픽』에도 소개되어 많은 이들의 관심을 받게 되었단다. 과연 편지 속에는 어떤 내용이 담겨 있었을까?

**원이 아빠에게**

자네 늘 나에게 말하길 "우리 둘 머리가 백발이 될 때까지 살다가 함께 죽자" 하시더니, 어찌하여 나를 두고 자네 먼저 가시는고. 어린 아이들과 나는 어떻게 살라고 다 버리고 자네 먼저 가시는고. (…) 언제나 자네와 내가 함께 누워 "이보소, 다른 사람들도 우리와 같이 서로 어여삐 여기며 사랑하리? 남들도 우리와 같은가"라고 이야기 나누던 일들을 생각하지 않고 어찌하여 나를 버리고 먼저 가시는고. 자네를 보내고 나는 홀로 살 힘이 없어 빨리 자네가 있는 곳으로 가려 하니 날 데려가소. (…) 뱃속의 자식 낳으면 누구를 보고 아버지라 하라시는고. 아무렴 내 마음 같겠소. 이런 슬픈 일이 하늘 아래 또 있겠

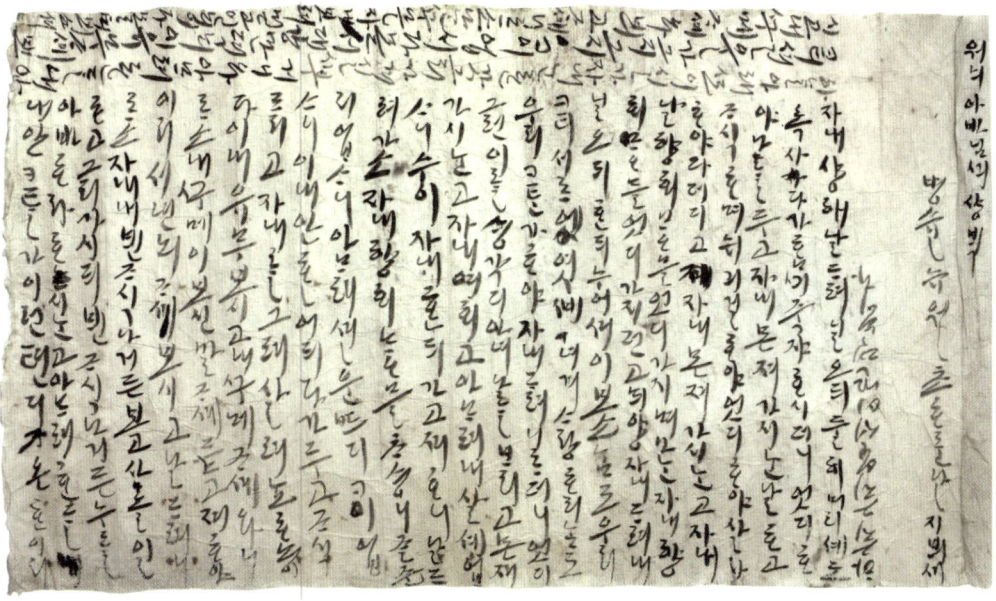

안동 정상동 무덤에서 발견된 죽은 남편에게 보내는 아내의 편지

는가. (…) 이 편지 자세히 보시고 내 꿈에 와서 모습을 보여 주고 또 말도 들려주오. 나는 꿈에서는 자네를 볼 수 있다고 믿고 있소. 하고 싶은 말이 끝없지만 이만 적소.

병술년(1586년) 유월 초하룻날 아내가

편지를 포함하여 무덤 속에서 발견된 몇 가지 물건은 무덤의 주인이 누구인지, 누가 그에게 이 편지를 남겼는지 우리에게 알려 주었어. 이 무덤의 주인은 경상북도 안동에 살았던 이응태라는 남성이야. 그는 병을 앓다 31살의 나이로 안타깝게 세상을 떠났지. 편지를 쓴 사람은 바로 그의 아내인 '원이 엄마'야. 원이 엄마는 갑작스럽게 죽음을 맞은 남편에 대한 그리움과 홀로 아이를 키우며 살아가야 할 미래에 대한 걱정을 한 장의 편지에 담았어. 그리고는 남편의 품속에 고이 넣었지.

사람들의 마음을 감동케 한 물건은 이 편지뿐만이 아니었단다. 원이 엄마는 병든 남편이 하루빨리 낫기를 바라는 마음에서 자신의 머리카락과 삼을 함께 엮어 미투리를 만들었단다. 그렇지만 남편은 이 미투리를 신어 보지도 못하고 죽었어. 원이 엄마는 미투리를 한지로 곱게 싸 남편의 관 속에 함께 묻었지. 부디 꿈속에서라도 남편이 이 미투리를 신고 자신을

### 미투리
미투리는 옛날 사람들이 주변에서 쉽게 구할 수 있는 삼, 모시 등을 엮어 만든 신발이야.

찾아오길 바랐는지도 몰라. 편지를 읽은 사람들은 원이 엄마의 애절한 마음과 백발이 될 때까지 서로를 어여삐 여기고 사랑하려 했던 이들 부부의 진실한 사랑에 깊은 감동을 받았어.

## 편지가 전해 주는 또 다른 메시지

너희들은 언제 편지를 주고받니? 기쁜 소식을 전하기 위해? 상대방의 안부가 궁금할 때? 소중한 사람에게 자신의 마음을 전할 때? 과거 사람들도 너희들과 비슷한 이유로 편지를 남겼을 거야. 그러나 과거의 평범한 일상이 담긴 편지 한 장은 오늘날 우리에게 여러 가지 의미 있는 역사적 사실을 알려 주기도 한단다.

원이 엄마가 쓴 편지를 통해서는 어떤 과거 사실을 알 수 있을까? 우리는 편지의 첫머리에서부터 몇 가지 사실을 추측해 볼 수 있어. 원이 엄마가 남편인 이응태를 부를 때 뭐라고 했는지 기억나니? 그래, 바로 '자네'라고 불렀어. 그 밖에도 원이 엄마는 '원이 아빠', '이보소' 등 여러 가지 호칭을 사용했지. 그런데 아내가 남편을 '자네'라고 불렀다는 점이 조금 독특하지?

'자네'라는 말은 보통 친구 사이나 듣는 이가 말하는 이보다 아랫사람일 때 사용하는 경우가 많아. 그런데 이 편지에서 원이 엄마는 '자네'라는 표현을 무려 열네 번이나 사용했어. 이러한 사실로 우리는 '자네'가 그 당시 부부 사이에서 상대방을 부르는 일반적인 호칭이었음을 짐작할 수 있을 거야.

조선 시대 여성이라고 하면 어떤 모습이 떠오르니? 손녀보다 손자를 낳길 바라는 시어머니와 그렇지 못해 구박을 받는 며느리? 남편의 말에 순종하고, 시부모와 남편, 자식들을 뒷바라지하는 아내? 서당에 가서 글을 배우기보다는 집안에서 예의범절을 익히는 여자 어린이들? 너희들이 흔히 보아 온 것은 이런 장면이 아니었을까? 그러나 조선 시대라고 해서 언제나 이랬던 것은 아니야. 사회생활에서 남녀 간의 차별이 심해진 것은 조선 후기인 17세기 이후라고 해. 그 이전까지는 사회와 가정의 일상생활에서 남성과 여성의 관계는 대등했어. 원이 엄마의 편지에서도 부부간에 수평적인 호칭을 사용했다는 점에서 이런 사실을 확인할 수 있지.

이런 사실은 또 다른 편지에서도 알 수 있단다. 유희춘은 16세기에 살았던 유학자로, 전라도 관찰사와 이조 참판을 지낸 인물이야. 관찰사는 지금의 도지사, 참판은 차관에 해당하는 높은 벼슬이지. 유희춘은 이처럼 높은 벼슬에 오르기 전 뜻하지 않은 사건에 휘말리면서 약 20년이라는 긴 세월 동안 귀양살이를 했어. 유희춘은 서울에 올라와 벼슬을 하거나 귀양살이를 하는 동안 멀리 있는 아내 송덕봉과 편지를 주고받았어. 편지의 주된 내용은 새집을 짓는다거나 자녀의 양육, 손자들의 학업과 교육 방식 등 가족과 집안일에 대한 것이었단다. 이 편지의 내용은 유희춘이 11년간 꾸준히 기록한 일기에서 찾아볼 수 있어. 이 일기를 유희춘의 호인 '미암'을 붙여 '미암일기'라고 부르지. 일기에 나오는 편지의 내용을 보면 유희춘은 집안의 크고 작은 일들을 아내와 의논했고, 집안의 살림이나 거처 등을 정하는 데 아내의 의견을 따랐다는 것을 알 수 있단다.

## 옛사람들의 생활을 전해 주는 편지

우리는 원이 엄마의 편지나 유희춘과 송덕봉이 주고받은 편지에서 상대방에 대한 따뜻한 마음을 느낄 수 있어. 또한 이러한 기록들을 통해서 당시 사람들이 사용했던 말이나 그들의 생각, 사회 관습도 알 수 있단다. 개인의 생각이나 느낌, 구체적인 생활상은 국가가 남긴 공식 역사에서는 좀처럼 찾아보기 어려워. 그래서 옛사람이 쓴 편지는 이제까지 잘 몰랐던 사실을 밝혀 주거나, 기존에 일반적으로 알고 있었던 상식이나 고정 관념을 바꾸게 만들기도 한단다. 이러한 이유로 편지는 역사 연구 자료로 중요한 가치를 인정받고 있어.

지금까지 꽤 많은 조선 시대 편지들이 알려졌단다. 그중에는 『미암일기』에 나오는 것과 같이 남편의 벼슬 때문에 떨어져 사는 부부 사이에 주고받은 편지도 있고, 원이 엄마의 편지와 같이 죽은 남편에게 보내는 편지 형식의 글도 있어. 왕이나 왕자 들이 친척 어른께 보내는 문안 편지도 있어. 이 중에는 한글 편지들도 꽤 된단다. 조선 후기의 왕이었던 숙종이 고모에게 보내는 새해 문안 편지도 전해지고, 너희도 잘 아는 개혁 군주 정조도 세손 시절과 왕이 된 다음에도 꽤 많은 한글 편지를 남겼어. 백성을 생각하는 마음이나 나라를 다스리는 방식뿐 아니라 왕들이 하루하루 살아가는 일상과 주변 어른들을 대하는 태도를 알 수 있어 흥미롭지 않니?

지금까지 알려진 편지는 일상을 기록한 수많은 자료 중 일부에 불과하단다. 원이 엄마의 편지가 약 410년 만에 세상에 드러났듯이 아직 알려지지 않은 옛 기록들이 얼마나 많을까? 그리고 그 기록들은 우리에게 어떤 새로운 역사적 사실을 알려 줄까?

## 2

# 『쇄미록』

## 일기가 말해 주는
## 전쟁 중 사람들의 일상생활

### 전란 중 쓴 일기

1592년 4월 13일! 일본은 15만 명의 병력으로 조선을 침공했어. 그리고 사흘 만에 부산이 함락되었어. 우리가 잘 알고 있는 임진왜란이 일어난 거야. 200여 년 동안 큰 전쟁 없이 지내던 조선은 하루아침에 엄청난 혼란에 빠졌어. 일본군은 부산에 상륙한 지 불과 20일 만에 한양을 점령하고, 북으로 진격하여 두 달 만에 평양성을 차지했어. 임금이던 선조는 한양을 버리고 평양을 거쳐 중국과의 국경이었던 의주까지 피란을 떠났어. 겁에 질린 수령들은 다스리던 고을을 버리고 산속으로 도망쳤단다. 수많은 백성들이 끌려가고 소중한 보금자리와 정성스레 일군 논밭도 황폐해졌지. 백성들은 더 이상 임금이나 조정 관리들을 믿지 않았어. 전란 중 사람들이 겪은 고달

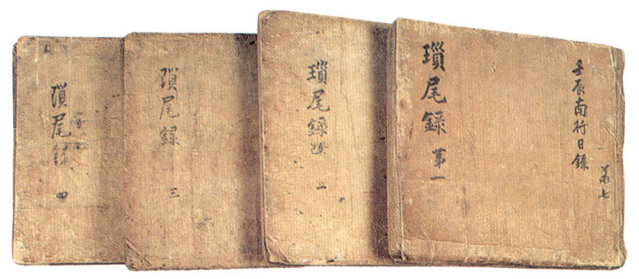
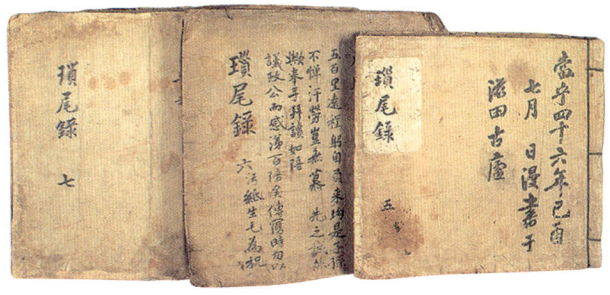

『쇄미록』

픈 삶의 모습은 당시 한 선비가 쓴 일기에도 그대로 남아 있어. 후에 이 일기는 '쇄미록'이라 이름 붙여졌지. 전쟁에 휩쓸리지 않게 피해 다녀야 하고, 하루하루 먹고 살기도 바빴을 텐데, 도대체 누가 왜 이런 일기를 썼을까?

『쇄미록』을 쓴 사람은 오희문이라는 선비야. 그는 약 7년간의 임진왜란 기간을 포함하여 9년 3개월간 옮겨 다니면서 일기를 썼어. 그래서 일기 제목인『쇄미록』도 '보잘것없이 떠도는 자의 기록'이라는 뜻을 가지고 있단다.

## 『쇄미록』에 나타난 임진왜란

'임진왜란' 하면 무엇이 가장 먼저 생각나니? 이순신 장군의 거북선? 권율 장군의 행주 대첩? 아마도 조선의 명장들이 어떻게 일본과의 전투에 승리했는지가 가장 먼저 떠오를 것 같구나. 그렇다면 오희문은 자신의 일기에 임진왜란을 어떻게 기록했을까?

당시 집을 떠나 전라남도에 머물던 오희문은 부산이 일본군에게 함락되었다는 소식을 듣고 "성주가 굳게 성을 지키지 못해" 패했다고 생각했어. 아마도 오희문은 이때까지만 해도 임진왜란을 이전에 여러 차례 있었던 왜구(일본 해적)들의 소동 정도라고 생각했던 것 같아.

임진왜란이 시작된 지 20일이 지난 5월 3일이 되자 오희문은 일본군이 도성을 함락하고 선조가 피란길에 올랐다는 소식을 들었어. 이날은 일본군에게 조선의 수도인 한양이 함락되었던 날이었어. 오희문은 "임금이 도성을 굳게 지키고, 장수들이 죽을 각오로 맞서 적의 길목을 막았다면 제아무리 강한 적이라도 날아서 건너오겠는가. (…) 스스로 먼저 물러나니 매우 안타깝다"라며 한탄하였어. 조정에서 적극적인 방어책을 펼쳤다면 일본이 쉽게 침략하지 못했을 텐데 지레 겁을 먹고 피란길에 오른 조정 관리들을 비판한 것이지.

이후 전쟁은 조선과 일본뿐 아니라 명나라까지 참전하는 국제전으로 확대되었어. 가족의 생사조차 모르는 상황 속에서 오희문은 불안함에 잠을 이루지 못했지. 전쟁 초기 오희문의 일기에는 피란 당시 백성들의 삶이 얼마나 힘들고 괴로웠는지 잘 나타나 있어. 특히 오희문은 깊은 산속 바위 밑에서 숨어 지내야 했던 장마철의 피란 생활을 매우 고통스러워했어. 오희문은 밤새 내린 비로 "냇가 옆에 임시로 지은 집에 물이 새고, 옷이 젖어 괴로움을 이루 말할 수 없다"고 기록하였어.

오희문은 일기를 통해 후대 자손들에게 전쟁의 비극과 참상을 알리려 했을까? 아니면 언제 끝날지도 모를 전쟁에 대한 두려움과 자신의 비참한 신세를 한탄하기 위해서였을까? 그조차도 아니면 무능한 임금과 조정 관리들을 비난하려는 목적이었을까? 『쇄미록』의 또 다른 기록을 통해 한번 생각해 보자꾸나.

## 『쇄미록』에 나타난 생활 모습

『쇄미록』에는 임진왜란 중 힘겨운 피란 생활이나 참혹한 전쟁 경험을 전하는 내용이 대다수를 차지하고 있어. 그런데 일기 구석구석에는 당시 사람들의 생활 모습을 볼 수 있는 흥미로운 내용도 있단다.

### 학질에서 벗어나는 방법

하나는 복숭아씨를 주문을 외우면서 먹는 것이요, 하나는 헌신 밑창을 불에 태워서 물에 섞어 먹는 것이요, 하나는 제비 똥을 가루로 만들어 술에 담가 가지고 코 밑에 대어 냄새를 맡도록 하는 것이다.

을미년(1595년) 6월 2일*

학질은 모기가 옮기는 전염병으로, 더운 여름철에도 몸을 벌벌 떠는 열병이야. 지

---

* 오희문, 이민수 옮김, 『쇄미록 1』, 올재, 2014, 609쪽에서 옮김.

금은 보통 '말라리아'라고 부르지. 학질에 걸리면 열이 나서 오히려 추위를 느끼게 된 단다. 『쇄미록』을 보면 학질은 당시 흔한 질병이었던 것 같아. 오희문의 어머니와 아내, 노비들이 학질에 걸려 몇 날 며칠을 앓았다고 적혀 있거든. 그런데 이러한 학질을 낫게 하는 방법이 참으로 재미있지? 주문을 외운다든지, 신발을 불태워 먹는다든지, 제비 똥을 술로 만들어 먹는 것은 미신을 믿는 괴상한 행동으로 보일 것 같아. 그렇지만 어떻게든 병이 나았으면 하는 옛사람들의 간절한 소망이라고 볼 수도 있지 않을까? 약이 부족했던 당시 일반 백성들은 비교적 구하기 쉬운 약재나 실천하기 쉬운 민간요법으로 병을 치료해야 했어. 『쇄미록』에 나오는 복숭아씨는 실제로도 한의학에서 학질의 치료에 사용된다고 하니, 병을 치료하기 위해 나름대로 얼마나 애썼는지를 알 수 있지 않니?

『쇄미록』에는 당시 사람들이 중요하게 생각한 가치도 잘 드러나 있어. 전쟁 중 어렵고 빈궁한 처지에 여기저기 피란을 다니면서도 집안 조상들의 제사를 지냈고, 자신을 찾아온 손님에게도 음식과 술을 베풀며 정성껏 맞이하였어. 오희문도 때때로 각종 과일과 고기, 술 등을 대접받았고, 머물던 곳을 떠날 때 따뜻한 솜옷이나 두루마기 등을 선물받기도 했어. 이웃 사람들과 바둑을 두며 여가 생활도 즐겼단다.

『쇄미록』에는 가족을 생각하는 오희문의 마음도 고스란히 기록되어 있어. 특히 세 딸에 대한 사랑은 정말 대단했어. 평소에도 딸들과 다양한 놀이를 즐겼던 그는 피란 시절, 아내와 어머니 못지않게 딸들을 그리워했단다. 오희문은 다시 만난 딸이 한글로 된 유교 서적이나 중국 역사책을 읽고 싶어 하자 얼른 구해 주는 자상한 아버지였어.

우리는 『쇄미록』에서 의외의 모습을 보기도 한단다. 『쇄미록』에는 오희문의 손과 발이 되어 준 여러 노비가 등장해. 조선에서 노비는 가장 낮은 신분으로, 물건처럼 사고팔거나, 교환이 가능했다는 것을 배웠을 거야. 물론 『쇄미록』에도 오희문이 노비들에게 여러 일을 시키거나 매질로 잘못을 다스리는 모습이 나온단다. 그렇지만 때때로 노비들의 잘못을 알면서도 눈감아 주거나, 노비들의 죽음을 안타까워하며 장례와 제사를 지내는 모습도 볼 수 있지. 이러한 사실로 우리는 조선 시대의 주인과 노비 사이에서 인간적인 관계를 발견하게 된단다.

이처럼 『쇄미록』에는 임진왜란 당시의 참혹한 광경 말고도 조상에 대한 제사, 물건을 구입하고 판매하는 일, 당시 사람들이 앓고 있던 질병과 치료법, 취미 활동처럼 일상의 모습들이 구체적으로 기록되어 있어. 그야말로 『쇄미록』 속에 조선 시대 사람들의 희로애락이 고스란히 녹아들어 있다고 할 수 있지. 오희문이 당시 사람들의 생활을 자세히 기록한 것은 전쟁 중에 자신과 주변 사람들이 어떻게 살아갔는지 전하고 싶었기 때문일 거야. 힘들고 어려운 상황에서 하루하루 꿋꿋이 일상을 지켜 나가는 사람들의 삶을 후손들에게 보여 주려 한 것일 수도 있지. 그렇지만 역사를 연구하는 사람들은 『쇄미록』에 나타난 일상생활의 구체적인 모습이나 당시 사람들이 지녔던 생각에도 관심을 기울인단다.

## 일기로 옛 사람들의 일상을 엿보다

『쇄미록』에 나타난 임진왜란은 지금까지 너희가 알고 있었던 임진왜란과 어떤 점에서 달랐니? 오희문은 임진왜란 당시 일상에서 보고 듣고 느낀 것을 『쇄미록』에 솔직하게 기록했어. 그 속에는 도성을 버리고 떠난 선조와 싸워 보지도 않고 도망친 관리들에 대한 비판의 목소리가 담겨 있고, 여성과 어린이가 경험한 전쟁의 아픔도 녹아 있었단다. 전쟁으로 무너진 일상을 회복하고 자신이 중요하게 생각하는 일을 지키려는 모습도 볼 수 있고, 당시 사회 관습도 짐작할 수 있었어. 이런 모습은 공식 역사 기록에서는 쉽게 볼 수 없는 장면이지.

   이처럼 일기는 개인이 쓴 것이지만 당시 사회의 모습과 사람들의 삶을 구체적으로 파악하는 데 유용한 자료가 된단다. 『쇄미록』이나 앞에서 나온 『미암일기』 외에도 조선 시대 일기가 여러 권 전해지고 있어. 그중에는 조선 후기의 노상추라는 사람이 18살 때부터 68년에 달하는 긴 시간 동안 쓴 일기도 찾아볼 수 있단다. 요즘도 종종 조선 시대 일기가 새로 발견되고는 해. 대체로 양반 사대부들이 쓴 일기를 후손들이 보관하고 있다가 세상에 알려지곤 하는 거란다. 같은 양반 사대부들이 썼더라도 일기의 내용은 저마다 차이가 있어. 그래서 새로운 일기가 발견되면 세상의 관심을 끌고 새로운 역사적 사실이 밝혀지기도 하지. 그러기에 요즈음 이런 일기들을 자료로 하여 조선 시대 사람들의 일상적인 생활 모습이나 풍습, 생각을 밝히려는 연구들이 활발해지고, 일기의 내용을 재구성하여 일반인들도 읽을 수 있도록 쓴 역사책들도 있어.

옛사람이 쓴 일기를 읽으면서, 거기에 담겨 있는 장면이 그동안 알던 역사 상식과 어떤 차이가 있는지, 일기를 쓴 사람이 당시의 상황이나 사건, 인물을 어떻게 생각했는지, 일기에 나타나 있는 사건들이 당시 사람들의 삶에 어떤 의미가 있을지 생각해 보는 것은 어떠니? 역사 자료를 읽으며 과거의 실제 모습에 더 가깝게 다가가는 유익한 방법이 될 것 같구나.

그렇다고 일기가 사람들의 생활을 모두 보여 주는 것은 아닐 거야. 가난하고 힘없는 다수의 백성은 글을 몰라 자신의 기록을 남길 수 없었어. 설령 기록을 남겼다고 해도 시간이 지나면서 훼손되거나 소실되었을 가능성도 많아. 사람들의 일상생활을 담고 있더라도 일기가 보여 주는 역사적 사실은 여전히 과거 모습의 일부에 그친단다. 물론 이는 일기뿐 아니라 대부분의 역사 기록이 지니는 한계일 거야.

# 3

# 『일성록』

## 국가의 공식 기록이 된 세손의 일기

**매일 세 번 나를 반성한다**

조선의 제22대 임금 정조는 어린 시절부터 책 읽기를 즐겨 했어. 어려서부터 매일 책 읽기를 성실히 했는데 마음먹은 책을 다 읽지 못하면 밤을 새워서라도 끝끝내 읽고야 말았지. 정조의 책 사랑은 왕위에 오른 후에도 왕실 도서관인 규장각을 만드는 것으로 이어졌단다. 그런 정조에게 책 읽기만큼이나 중요한 것이 있었는데, 그것은 바로 '일기 쓰기'였어. 정조는 어렸을 적부터 버릇처럼 일기를 썼어. 아무리 바쁘고 번거로운 일이 있어도 잠자리에 들기 전 반드시 일기를 썼다고 해. 정조가 일기를 쓴 것은 자신을 반성하기 위해서였어.

왕위에 오르기 전, 어린 정조는 『논어』라는 책에 나오는 증자가 말한 "날마다 세

가지 기준을 가지고 스스로를 되돌아본다"라는 글귀를 읽고 커다란 감명을 받았어. 이 책에서 말하는 스스로 돌이켜 보고 반성해야 할 세 가지는 "첫째, 다른 이를 위해 일하는 데 정성을 다했는가. 둘째, 벗과 사귀는 데 믿음과 의리를 다했는가. 셋째, 스승이 전해 준 것을 열심히 익혔는가"였다고 해. 소문난 독서광 정조는 이런 마음으로 9살부터 일기를 쓰기 시작했어.

## 같은 국가 기록, 서로 다른 성격

왕이 된 후에도 정조의 일기 쓰기는 계속되었어. 왕의 자리에 오르고 5년이 지난 1781년, 정조는 신하들이 모인 자리에서 자신의 일기 쓰기 습관을 알리며 앞으로는 이를 나라를 다스리는 데 참고할 수 있는 공식 기록으로 삼겠다고 말했어. 그리하여 이 일기는 왕이 직접 작성하는 개인적인 일기에서 규장각의 신하들이 기록한 후 왕이 이를 검토하는 국정 일기의 형식으로 바뀌게 된 거야. 이후로도 무려 151년 동안 기록된 이 일기는 하루를(日) 반성하는(省) 기록(錄)이라는 의미에서 '일성록(日省錄)'이라고 이름 붙여졌지.

그렇다면 『일성록』에는 어떤 내용들이 담겨 있었을까? 왕이 감기에 걸려서 공부를 하지 못했다는 일상적인 내용이 있는가 하면, 신하들의 업무 보고, 왕이 신하나 백성에게 전하는 말, 범죄자 처리, 재해를 입은 백성들을 구하는 일과 같이 나라를 다스리는 데 관련된 내용도 있어.

　조선 시대에는 『일성록』 외에도 국가가 맡아 펴낸 공식적인 기록물들이 더 있었어. 대표적인 것이 『조선왕조실록』과 『승정원일기』야. 『조선왕조실록』은 역사를 기록하는 관리들이 조정에서 일어난 일과 그 밖의 여러 사실을 정리한 역사책이라면, 『승정원일기』는 왕의 비서실에서 날마다 일어난 사건과 매일 작성된 문서를 기록한 일지야. 『승정원일기』는 『조선왕조실록』을 쓰는 기초 자료이기도 해. 『조선왕조실록』과 『승정원일기』가 시간 순서대로 일어난 일을 기록했다면, 『일성록』은 주제별로 제목을 붙이고 그 아래 일어난 일들을 정리하였어. 또 하나 다른 점이 있다면, 『조선왕조실록』이나 『승정원일기』는 왕이 죽은 후에 작성되었거나 왕이 직접 내용을 확인할 수 없었던 반면, 『일성록』은 왕이 언제든 필요할 때면 꺼내 보고 나라를 운영하는 데 활용할 수 있었어.

　이처럼 세 가지 책은 모두 국가 운영이나 왕의 주변에서 일어나는 일을 기록하고

 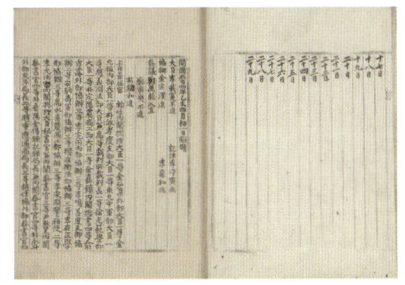 

『조선왕조실록』, 『승정원일기』, 『일성록』(왼쪽부터)

있지만, 기록의 방식이나 내용은 저마다 차이가 있어. 역사가들은 조선 시대를 연구할 때 이 세 가지 기록을 중요한 자료로 활용하지만, 각각의 성격을 염두에 두고 읽는단다. 너희도 앞으로 역사를 공부하면서 같은 역사적 사실이라고 하더라도 책에 따라서 어떻게 표현하고 있는지 비교하며 읽는 것도 재미있을 것 같아.

## 왕의 일기가 보여 주는 역사적 사실의 성격

2011년 5월, 『일성록』은 유네스코 세계기록유산으로 등재되었어. 이에 앞서 『조선왕조실록』은 1997년, 『승정원일기』는 2001년 세계기록유산에 등재된 바 있지만, 『일성록』이 등재된 이유는 이와는 조금 차이가 있어. 국왕이 세손 시절부터 자신의 행동과 나라의 통치를 반성할 목적으로 썼다는 점이 다른 기록에서는 찾아볼 수 없었기 때문이란다. 그 밖에도 『일성록』에는 조선 국내의 일뿐 아니라 다른 나라와의 정치와 문화 교류가 상세히 나와서 당시 세계의 상황을 알 수 있으며, 다른 국가 기록에 비해 백성에게 내리는 글이나 백성의 동향에 대한 보고, 그리고 죄인을 가두거나 처벌하는 일을 자세히 기록하는 등 사회의 움직임이나 백성에 대한 관심을 보이고 있어.

그렇다고 『일성록』이 조선 사회의 모습이나 사람들의 삶을 모두 보여 주는 것은 아니야. 왕의 행동을 중심으로 기록하고 있지만, 대부분의 내용은 나라를 통치하는 것과 관련된 사실들이야. 정조가 세손 시절 쓴 일기도 공부를 하거나 학문을 토론하고, 웃어른을 문안하는 것과 같은 궁중 안의 생활 모습을 담고 있어.

조선 시대 살았던 많은 사람들도 저마다 다른 일기를 썼을 테지만 왕이 쓴 일기라는 점에서 『일성록』은 많은 사람들이 주목하는 역사 기록으로 남게 된 것인지 몰라. 그래도 한 가지 분명한 사실은 정조의 일기 덕분에 오늘날 우리가 조선 시대 역사에 더 가까이 다가갈 수 있다는 점이겠지?

## 4

# 재판 기록

...

## 조선 시대 재판에도
## 증거가 중요했어

**"양인이 아니라 노비이옵니다"**

1586년 3월 13일 전라도 나주 관아.

　이지도라는 양반 남성과 다물사리라는 80세 여인 사이에서 재판이 벌어졌어. 당시 나주 목사 김성일 앞에서 다물사리는 이렇게 말했어.

　"저는 양인이 아니라 노비이옵니다."

　그런데 참 이상하지. 보통 일반적인 경우라면, 어떻게든 노비 신분에서 벗어나려고 발버둥을 쳤을 텐데 이 여인은 스스로 양인이 아니라 노비라고 이야기하고 있으

니 말이야. 반대로 재판을 신청한 이지도는 다물사리는 분명히 양인이며, 자기 집안의 노비 윤필과 결혼해 딸을 낳았다고 말했어. 이게 도대체 어떻게 된 일일까?

이처럼 서로 상반된 주장은 조선의 신분제로부터 비롯되었어. 조선 시대에 노비 신분은 대를 이어 유지되었단다. 그런데 만약 양인과 노비가 혼인을 하게 될 경우, 그 사이에서 낳은 자식은 노비가 되었어. 즉, 부모 중 한쪽이 노비면, 그들의 자식도 노비가 되는 거야. 그렇다면 부모 둘 다 노비일 경우에는 어떻게 될까? 당연히 자식의 신분은 노비가 되겠지. 그런데 태어난 자식이 어느 쪽의 노비가 될 것인지는 사람들 사이에서 중요한 논쟁이 되었어. 그래서 이 경우, 나라의 법으로 어머니가 속한 집안의 노비가 되도록 정하였어.

만일 이지도의 주장이 맞는다면, 윤필과 다물사리의 딸은 이지도 집안의 노비가 되겠지. 그러나 반대로 다물사리의 주장이 맞는다면 그녀의 딸은 다물사리가 속한 집안의 노비가 되는 거야. 다물사리는 자신이 성균관이라는 교육 기관에 소속된 노비라고 주장했어. 당시 성균관과 같은 관청에 소속된 노비는 양반가에 소속된 노비보다 생활 여건이 나았어. 다물사리는 자신의 딸이 어차피 노비가 될 것이라면, 그나마 처지가 나은 성균관의 노비가 되길 바랐던 것 같아. 그래서 자신의 신분이 노비라고 거듭 주장했던 것이지.

## 조선 시대 재판 과정

이후 이지도와 다물사리의 재판 결과는 어떻게 되었을까? 판결을 맡은 김성일은 먼저 이지도와 다물사리의 주장을 자세히 들은 후, 호적과 관청에 기록된 천민들의 명단을 샅샅이 살폈어. 또한 주변 사람들을 하나하나 불러 모아 그들의 증언에 귀 기울였지. 마지막으로 이지도와 다물사리를 다시 한자리에 불러 모은 후 조사한 내용을 직접 확인하도록 했어. 그러나 조사 결과 다물사리의 주장을 뒷받침할 만한 증거가 부족했어. 한 달가량 진행된 이지도와 다물사리의 재판은 이지도의 승소로 끝이 났어. 결국 다물사리의 딸은 이지도 집안의 노비가 되었지.

이지도와 다물사리의 재판 과정은 오늘날의 재판과 마찬가지로 정해진 절차에 맞춰 진행된 거야. 신분을 입증할 만한 증거가 없어 재판에서 진 다물사리의 경우처럼 조선 시대 재판에서도 주장을 뒷받침할 수 있는 증거가 판결에 결정적인 영향을 주었어. 옛말에 '원님 재판하듯 한다'는 말이 있어. 고을 수령인 원님이 자기 마음대로 판결을 내린다는 뜻이 담겨 있는 말이야. 그렇지만 우리가 살펴본 위의 사례에서 볼 수 있듯이 조선 시대에도 나름대로 공정한 재판을 위해 신경을 썼다는 걸 알 수 있지?

이 밖에도 조선 시대에는 공정하고 효율적인 재판을 위해 몇 가지 제도를 더 마련하고 있었단다. 예를 들어 사형수와 같이 큰 죄를 지은 사람의 경우, 혹시라도 잘못된 판결로 억울한 죽음을 당하는 것을 막기 위해 총 세 차례에 걸쳐 재판을 받게 했어. 그리고 사형을 집행할 때는 반드시 왕의 승인을 받도록 했지. 그 밖에도 만일 재판을 받는 사람과 판결을 내리는 관리가 아는 사이인 경우, 다른 관아로 옮겨 재판을 진행하도록 했어. 어떠니? 막연히 생각했던 것보다 옛날의 재판도 공정하고 투명했지? 그렇지만 이런 제도들이 실제 재판의 과정에서 얼마나 잘 실천되었는지가 문제일 거야.

## 재판 기록을 통해 알아보는 조선 사회

공정한 재판 절차와 제도가 갖추어져 있었기 때문일까? 조선 시대에는 전국적으로 다양한 소송이 일어났어. 당시 관리들에게 재판을 공정하게 처리하는 일은 매우 중요한 업무 중 하나였단다. 조선 시대에는 주로 어떤 유형의 소송이 일어났을까? 특이한 점은 조상의 묘지를 둘러싼 갈등이 빈번했다는 것이야. 이러한 소송은 더 좋은 위치에 조상의 산소를 모시기 위해 발생하는 경우가 많았어. 조상의 산소가 좋은 곳에 있으면 자손들이 번창한다는 생각 때문이야. 땅의 기운이 좋다는 이유로 사람들은

**경기도 파주시 심지원 집안의 묘**
심지원은 조선 후기 효종 때 영의정까지 지낸 사람이야. 이 무덤이 있는 땅의 주인이 누구인지를 놓고 고려 때 9성을 개척한 윤관의 후손들과 심지원 후손들 사이에서 조선 시대 가장 길고 치열한 소송이 벌어졌어.

주인이 있는 땅에 몰래 조상의 산소를 옮기기도 했지. 조상의 묫자리에 대한 사람들의 관심이 커지다 보니, 심지어 노비들까지도 더 좋은 묫자리를 차지하기 위한 경쟁에 나섰단다. 1790년, 경기도 남양주에 살고 있는 송복규는 정조 임금에게 호소문을 보내 자신의 집 노비가 함부로 집안의 묘지 근처에 새 묫자리를 만들었으니 이를 엄벌하고 노비의 묘를 파헤쳐 없애 달라고 간청하였어.

물론 조선 시대에는 재산을 둘러싼 소송이나 분쟁도 많이 일어났어. 엄밀하게 말

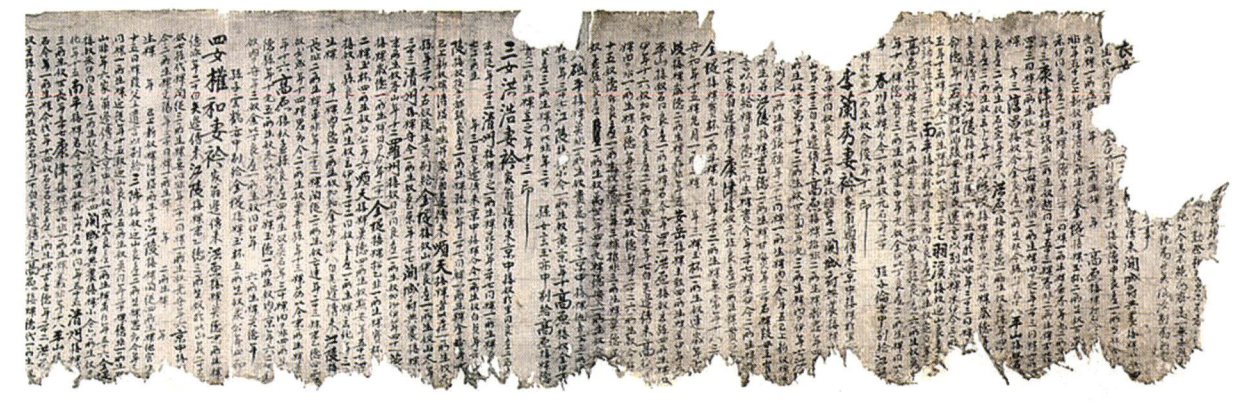

**이씨 분재기**
신사임당의 어머니 용인 이씨 부인이 자신의 딸 5명에게 재산을 나누어 주면서 작성한 기록이야.

하자면, 노비들을 둘러싼 소송도 더 많은 재산을 가지기 위한 갈등에서 비롯된 거야. 경상북도 안동의 어느 한 집안에서 있었던 일을 예로 들어 볼게. 이 집안의 안주인은 자신의 사위에게 상속한 재산을 놓고 갈등을 겪고 있었단다. 장모는 죽을병에 걸린 딸의 재산을 탐하기만 할 뿐 아픈 자신에게 인사도 오지 않는 사위를 괘씸하게 생각했어. 게다가 딸이 죽은 지 1년도 채 지나지 않아 재혼까지 했으니 더욱 사위가 못마땅했을 거야. 장모는 사위에게 상속한 재산을 모두 돌려받으려고 하다가 자식도 없이 세상을 떠난 딸의 제사를 지내지 못할까 봐 걱정이 되었어. 그래서 딸이 혼인할 때 사위의 집으로 함께 딸려 보낸 노비를 제사 비용으로 삼으라고 유언하였단다. 이 사례는 집안에서 자식들에게 재산을 물려줄 때 작성한 문서에 나와 있어. 이 내용으로 너희들은 어떤 사실을 알게 되었니? 선생님은 자식 없이 죽은 딸의 제사를 지내기 위해 사위에게 재산을 상속했다는 점, 이미 상속한 재산을 돌려받을 수 있었다는 점,

노비를 재산으로 삼아 상속할 수 있었다는 사실을 찾을 수 있었단다.

이처럼 조선 시대 사람들에게 분쟁이 되었던 사건 기록을 찬찬히 들여다보면, 그 시대 사람들이 중요하다고 생각하는 사고방식이나 생활 모습을 알 수 있어. 조선 시대의 노비들은 어떤 대우를 받았을까? 조상들의 묏자리를 왜 그렇게 중요하게 생각했을까? 자식들에게 재산 상속은 어떤 방식으로 이루어졌을까? 지금까지도 적지 않은 조선 시대 재판 기록이 남아 있단다. 이러한 기록에서 잘 알려지지 않았던 역사적 사실이나 과거 사람들의 생생한 생활 모습을 발견할 수 있기를 기대해 보자꾸나. 딱딱하기만 할 것이라고 생각했던 재판 기록이 좀 더 친숙하게 다가오지 않니? 주변에서 볼 수 있는 역사 자료에 어떤 사실이 숨겨져 있을지 질문하며 꼼꼼히 읽는 습관을 가지면 앞으로 역사를 공부하는 데 많은 도움이 될 거야.

◆ 우리 함께 생각해 보아요 ◆

# 평민이나 노비의 글도 남아 있을까요?

**평민이나 노비가 남긴 글**

오늘날과는 달리 과거에 글을 읽고 쓸 수 있는 사람들은 대부분 양반 지배층이었단다. 다른 신분의 사람들은 먹고살기 바빠서 글을 배울 여유가 없었을 거야. 벼슬을 하지 않았으므로 구태여 글을 배울 필요를 느끼지 않았을 수도 있어. 설사 이들이 기록한 것이 있더라도 자손들이 제대로 보관하지 못해서 오늘날에는 남아 있지 않을 가능성도 있어. 실제로 삼국 시대나 고려 시대는 말할 것도 없고 조선 시대에도 평민이 쓴 역사 기록은 거의 없으며 글도 찾아보기 힘들단다.

그렇다고 학문을 연구하거나 글을 남긴 평민이나 노비가 전혀 없는 것은 아니야. 종종 학문이나 교육으로 이름을 떨치거나 시를 비롯한 글을 남긴 평민이나 노비 이름이 전해져. 특히 신분제가 흔들리기 시작한 조선 후기에는 양반이 아닌 사람들의 글쓰기와 학문 활동이 크게 늘어났단다. 18세기 영조와 정조 대에 정초부라는 사람이 있었어. 정초부의 '초부'는 이름이 아니라 나무꾼을 가리키는 말이란다. 그러니까 정초부는 나뭇짐을 지는 일을 했던 노비였을 거야. 그런데 정초부는 널리 이름을 떨친 유명한 시인이었어. 당시 사회에서는 정초부의 학문이 뛰어나고 글을 잘 짓는다는 이야기가 퍼져 있었지. 정초부의 여러 시가 오늘날 전해지고, 양반들이 시를 짓는 모임에 정초부가 초대되기도 했단다. 조선 시대의 대표적인 화가 김홍도는 사공이 사람들을 태우고 강을 건너는 모습을 담은 그림 〈도강도〉에 정초부의 시를 써넣기도 했어.

동호의 물결은 쪽빛보다 푸르러
또렷하게 보이는 건 두세 마리 해오라기!
노 젓는 소리에 새들은 날아가고
노을 아래 산 빛만이 강물 아래 가득하다.*

   시를 읽는 느낌이 어떠니? 강의 푸른빛과 강물에 비친 산, 그 위를 나는 새들의 모습이 눈앞에 생생하여 노비가 지었을 것이라고 생각되지 않지? 김홍도가 자신의 그림에 이 시를 쓴 것이 아니라, 오히려 시에서 영감을 받아 그림을 그렸다는 견해도 있단다. 어쩌면 노비가 지은 시 같지 않다는 느낌 자체가 노비에 대한 편견일지도 모른다는 생각이 드는구나.

* 안대회, 「18세기 노비 시인 정초부」, 『역사비평』 94, 2011, 375-376쪽에서 옮김.

김홍도의 〈도강도〉

　이보다 늦은 시기인 19세기 말부터 20세기 초까지 평민이 자신의 일상을 기록한 『하재일기』도 남아 있어. 일기를 쓴 지규식은 궁궐이나 관청에 도자기를 공급하던 상인이었어. 상인이니까 조선 시대의 신분으로는 평민에 해당하지. '하재'는 지규식의 호란다. 1891년부터 1911년까지 약 20년간의 생활을 기록한 『하재일기』 속에는 지규식이 보고 들은 조선 국내외 상황과 당시의 정치, 경제, 사회, 문화, 종교, 의학, 문학, 민속 등을 알 수 있는 내용이 풍부하게 담겨 있단다. 무엇보다도 당시 궁궐과 관청에서는 어떤 그릇과 도자기가 필요했으며,

이를 어떻게 주문받아 제작하고, 유통했는지가 세세하게 나타나 있어.

**평민이나 노비의 눈으로 본 역사**

어떠니! 평민이나 노비가 남긴 책이나 작품도 역사적으로 기억할 만한 가치가 충분하지 않니? 이런 책이나 글을 쓴 인물들은 역사 속에서 오래도록 기억되는 영웅이나 위인은 아니지만, 관심을 두지 않고 스쳐 지나갈 수 있는 당시 사회나 일상의 구체적인 모습을 우리에게 전해 주고 있어.

평민이나 노비가 쓴 역사책은 아직 발견되고 있지 않아. 그래서 당시 사회의 전반적인 모습이나 역사의 변화가 이들의 눈에 어떻게 보였는지는 알 수가 없어. 그렇지만 양반들의 일기에는 노비 이야기가 적지 않게 나온단다. 17세기 말 전라도 해남 지방의 문인이었던 윤이후가 8년간 쓴 『지암일기』에는 2,500여 명의 인물이 등장하는데 이 가운데 노비가 250여 명이나 된다고 해. 이런 기록들을 읽으면서 당시 노비 그리고 평민 들이 어떤 생각을 하며 하루하루를 살아갔을지 상상해 보는 것도 역사를 더욱 폭넓게 공부하는 방법이 될 수 있을 것 같구나.

◆ 해 보아요 ◆

## 가족의 역사를 써 보아요

**"할머니의 어린 시절은 어땠나요?"**

**예린** 저희 할머니는 1950년에 태어나셨어요. 할머니는 저에게 할머니가 태어나시던 해에 우리나라에 큰 전쟁이 일어나 사람들이 죽거나 다쳤고, 많은 이산가족들도 생겨났다고 말씀해 주셨어요. 할머니의 고향은 북한의 흥남이라는 곳이었지만 현재 우리 가족이 살고 있는 부산까지 피란을 오게 되었어요.

**새봄** 저희 할아버지께서는 1970년 독일에 광부 일을 하러 떠나셨어요. 난생 처음 가 보는 낯선 나라였기에 조금 망설였지만, 많은 돈을 벌 수 있다는 소식을 듣고 지원하셨다고 해요. 할아버지는 40도씨가 넘나드는 지하 1200미터 탄광으로 들어가 힘들고 고된 일을 하면서 오직 가족들만을 생각하셨다고 해요.

혜지 저희 큰아버지는 우리나라의 민주주의를 지키기 위한 시위에 참여하셨어요. 오랫동안 우리나라에서는 독재 정권이 세워져 오늘날처럼 국민이 직접 대통령을 뽑을 수 없었어요. 또 시민들이 정부에 대한 비판의 목소리를 낼 수 없었죠. 1987년 많은 시민들은 독재 정치를 끝내고 민주주의를 되찾기 위해 대규모 시위를 벌였어요. 큰아버지도 여기에 함께하신 거죠. 그 결과 민주화가 이루어지고 우리나라에서도 국민이 직접 대통령을 뽑을 수 있게 되었답니다.

너희들도 예린이와 새봄이, 그리고 혜지처럼 가족들의 옛 경험을 조사해 본 적이 있니? 만약 할머니 무릎에 누워 할머니가 살아오신 옛이야기를 들어 본 적이 있다면, 할머니께서는 오늘날 우리가 책을 통해 공부하고 있는 역사를 몸소 겪으셨다는 사실을 알게 될 거야. 오히려 책에서 알려 주는 사실보다 더 구체적이고 실감나는 이야기를 듣게 될지도 모르지. 지금부터는 가족의 역사를 써 보면서 역사를 더욱 생생하게 공부하는 방법을 함께 생각해 볼까?

**가족의 역사는 어떻게 쓰나요?**
첫째, 가족 구성원이 경험했던 일들 중에서 중요한 일들을 선정해요.
너희들이 태어날 때부터 오늘날까지 있었던 모든 일들을 기록하게 된다면 어떤 일이 벌어질까? 모든 일을 완전히 기억하는 것은 가능하지도 않을뿐더러 설령 가능하다 해도 그것을 모두 읽거나 쓰는 것도 곤란할 거야. 역사가는 과거에 일어났던 수많은 일 중에서 의미 있다고 생각하는 사건이나 사실을 선택하여 기록한단다. 가족의 역사를 쓰기 위해서 먼저 가족이 다 함께 모여 각자 경험했던 일 중에서 중요한 사건 BEST 10을 선정해 볼까?

**둘째, 선정한 중요한 일들을 연표로 만들어 보아요.**
역사를 공부하다 보면 사건이 일어난 순서를 아는 것이 필요할 때가 많아. 한 사건이 다른 사건의 원인이 되기도 하고, 또한 그 사건은 다양한 사건의 결과에 영향을 주어 또 다른 사건의 원인이 되기 때문이지. 사건의 원인과 결과를 파악할 때에는 연표를 만들어 보는 것이 도움이 된단다. 가족들이 경험했던 일들을 연표로 나타내 봄으로써 우리 가족의 역사적 경험이 오늘날 우리와 또 어떤 관련이 있는지 생각해 보는 것도 의미가 있을 것 같구나.

**셋째, 가족의 역사 이야기를 써 보아요.**
다음 단계는 연표로 나타낸 사실을 연결하여 가족의 역사 이야기를 만들어 보는 것이란다. 이때 가족들이 겪은 일을 당시 사회와 관련지어 생각해 보는 것도 좋아. 어떤 정책이나 중요한 사건들이 가족의 생활에 어떤 영향을 주었는지 추측해 보는 거야. 또 인터뷰를 통해 가족들에게 직접 이유나 생각 등을 물어보는 것도 가족의 역사를 구체적으로 쓰는 데 도움이 될 수 있어.

**넷째, 가족의 역사를 비교해 보아요.**

완성된 가족의 역사 이야기를 다른 친구가 쓴 이야기와 비교해 보는 건 어떨까? 우리 가족의 이야기가 친구의 가족이 겪은 일과 무엇이 비슷하고 다른지 알게 되겠지. 우리 가족에게는 중요한 사건이 다른 가족에게는 중요하지 않은 사건이 될 수도 있어. 이런 과정은 역사가들이 역사를 쓰는 과정과 비슷해. 가족의 역사 쓰기를 통해 기록이나 역사책을 통해 접하는 역사가 어떻게 만들어지는지, 또 어떤 특징을 가지는지 함께 생각해 보자꾸나.

3장

# 잊힌 사람,
# 잊힌 이야기

아름다운 이 땅에 금수강산에 단군 할아버지가 터 잡으시고~~

너희들도 잘 알고 있는 〈한국을 빛낸 백 명의 위인들〉이라는 노래지. 이 노래를 통해 우리는 고조선을 세운 단군 할아버지부터 현대의 화가인 이중섭까지 역사에 나오는 유명한 인물들을 만나 볼 수 있어. 각자 노래를 불러 보며 노랫말에 들어 있는 인물들을 떠올려 볼까? 위인이라고는 하지만 여성은 몇 명 나오지 않고 대부분 남성이지. 남성 중에서도 왕이나 장군의 이름이 단연 눈에 많이 띌 거야. 위 노래는 한국사를 쉽게 공부하기 위해 만든 것이라고 해. 그런데 우리는 이들의 이야기가 한국사 전체라고 생각하는 것은 아닐까? 지금부터 잘 알려진 역사 인물에 가려져 우리가 주목하지 않은 인물들을 만나 보려고 해. 그들의 이야기에 귀를 기울이며 우리가 관심을 가지지 않았던 역사의 다른 부분을 생각해 보도록 하자.

# 1

# 황산벌 전투에서 잊힌 인물, 반굴

## 백제의 운명을 건 황산벌 전투

충청남도 논산에 가면 가을이면 벼가 노랗게 무르익는 '황산벌'이라는 넓은 들판이 있단다. 누런 들판을 바라보고 있으면 마음이 편안해지지. 그런데 오래전 이곳에서는 백제와 신라의 운명을 건 전쟁이 벌어졌단다. 백제에게 황산벌 전투는 나라를 지킬 수 있는 마지막 기회라고 할 수 있을 정도였어. 당과 신라의 협공을 받은 백제가 신라와 최후의 일전을 벌인 전투였거든. 혹시 전쟁터로 나가기 전에 칼을 들어 아내와 자식을 죽인 계백 이야기를 들어 본 적 있니? 황산벌 전투에서 백제군을 이끈 장군이 바로 계백이었어. 계백과 그가 이끈 5천 명의 백제군은 신라군을 맞아 죽기 살기로 싸웠지. 그래서였을까? 백제군은 10배에 달하는 5만 명의 신라군의 공격에도

| 경주 화랑 마을 화랑 동상

쉽게 무너지지 않았단다. 당시 신라군을 이끈 장군이 그 유명한 김유신이었는데도 말이야.

　계속된 전투에서 별다른 성과를 내지 못하자 신라 병사들은 점점 지쳐 갔어. 김유신과 신라 장수들은 이런 상황을 바꾸고 신라군의 사기를 다시 높일 수 있는 방법을 생각해야 했어. 이들이 생각한 것은 어떤 방법일까? 힌트를 줄게. 계백을 떠올려 봐. 조금 전에 계백은 어떤 마음으로 전쟁에 참여했다고 했지? 그래, 전쟁터에 나오기 전에 가족을 자신의 손으로 직접 죽이고 전쟁에 나섰다고 했지? 그런 계백의 각오와 의지가 군사들에게 전달되었기 때문에 백제군의 사기가 하늘을 찌를 듯했을 거야.

백제군사박물관의 계백 동상

김유신과 신라 장수들이 생각했던 방법도 이와 비슷했어. 누군가 신라의 승리를 위해서 목숨을 기꺼이 바칠 수 있는 사람이 있다면, 그의 죽음이 신라 병사들의 사기를 북돋아 용기백배하여 싸우게 할 것이라고. 그 역할을 한 사람이 누구였을까?

화랑 관창? 맞아. 관창의 죽음은 신라군이 승리하는 데 결정적인 기여를 했어. 그렇지만 관창보다 한 걸음 앞서서 신라를 위해 자신의 목숨을 바친 화랑이 한 명 더 있었어. 이 사람은 누구일까?

## 반굴과 관창의 죽음

황산벌 전투에는 김유신의 동생인 김흠순도 장군으로 참가하고 있었어. 흠순은 아들 반굴을 불러서 이렇게 얘기했단다.

"신하 노릇을 함에는 충성만한 것이 없고 자식 노릇을 함에는 효도만한 것이 없단다. 이러한 위급 상황에서 네가 목숨을 바치면 충성과 효도를 온전히 할 수 있다."

이 말을 듣고 반굴은 어떤 마음이었을까? 죽음이 두려웠을까, 아니면 나의 희생으로 신라가 승리할 수 있다는 생각에 주저함이 없었을까? 적진에 뛰어들라고 말하는 아버지가 원망스러웠을 것 같기도 해. 그 상황에서 반굴이 어떤 마음이었는지 기록에 남아 있지는 않아. 반굴은 아버지의 말을 듣고 백제군 진영으로 뛰어들어 싸우다가 죽었단다. 이를 지켜본 김품일이라는 장수가 아들인 관창을 불렀어. 당시 관창은 16살밖에 되지 않은 소년이었어. 품일은 신라 왕족인 진골 출신의 명문 집안 사람이었단다. 품일이 관창에게 한 이야기는 흠순이 반굴에게 한 이야기와 비슷하였어. 결국 관창도 백제군 진영에 홀로 뛰어들어 싸우다가 붙잡혀 죽임을 당하게 돼. 반굴과 관창의 희생으로 신라군은 사기가 높아져 황산벌 전투에서 승리할 수 있었단다. 그런데 참 이상하지? 반굴은 관창보다 먼저 적진에 뛰어들어 용맹하게 싸우다가 전사했는데 왜 우리의 기억에서 잊힌 걸까?

## 반굴이 잊힌 이유

우리가 역사 인물을 만나는 통로는 바로 역사 기록이란다. 『삼국사기』라는 책에 대해서 들어 본 적이 있지? 맞아. 고려 시대 김부식이 삼국 시대의 역사를 정리해서 쓴 책이지. 『삼국사기』는 황산벌 전투에서 반굴보다는 관창의 활약을 더 자세히 쓰고 있어. 그렇다면 김부식은 왜 적진에 먼저 뛰어든 반굴 대신 관창 이야기를 선택해서 기록했을까? 16살의 관창이 반굴보다 어려서? 관창의 집안이 정통 신라 출신이어서? 아니면 계백이 살려주었는데도 다시 백제 진영으로 뛰어들어 죽음을 택한 관창의 행동이 더 극적이어서? 너희들은 그 이유에 대해서 어떻게 생각하니? 관창 이야기는 해방 이후 국가에 대한 충성을 보여 주는 사례로 국어와 역사 교과서를 비롯해 여러 책에 실려 더 유명해졌어. 그렇지만 화랑 중에서도 관창이 그처럼 유명해진 것은 기본적으로 김부식이 『삼국사기』에서 관창을 중요한 인물로 기록했기 때문일 거야.

이와 같이 역사 기록은 지난날 사실 중에서 선택을 한 것이야. 그리고 그 내용을 얼마나 자세하고 중요하게 서술하였는지도 기록한 사람에 따라 달라지게 돼. 거기에다가 이 기록을 읽는 사람들도 자신의 생각에 따라 달리 해석하고, 이를 어떤 목적에 이용하기도 하지. 오늘 들려준 반굴과 관창 이야기를 통해 우리가 알고 있는 역사 지식이 과거 그 자체가 아니라 그것을 쓴 사람의 생각과, 사회나 국가의 필요에 의해 선택된 것이라는 걸 알 수 있겠지.

# 천재 여성 시인,
# 허난설헌

## 조선 최고의 여성 시인 허난설헌

조선을 대표하는 여성 인물 하면 누가 제일 먼저 떠오르니? 신사임당이라고 답하는 너희들의 목소리가 여기까지 들리는걸. 신사임당은 조선 최고의 학자였던 율곡 이이를 길러 낸 어머니, 그리고 풀과 벌레를 생생하게 그린 예술가로 우리는 기억하고 있지. 그래서 초등학교 역사 교과서에도 등장하고, 5만 원권 지폐 주인공이기도 해. 그런데 오늘 너희에게 소개할 인물은 신사임당 못지않게 뛰어난 여성이었지만 훨씬 덜 알려진 '허난설헌'이란다. 허난설헌이라는 인물에 대해 들어 본 적은 있니? 『홍길동전』을 쓴 허균의 누나라는 것을 알고 있는 친구도 있고, 처음 들어 본 이름이라고 말한 친구도 있구나. 그런데 이 사실을 알면 깜짝 놀랄 거야. 중국에는 명나라 때 만들어진 『조선시선』이라는 책이 있어. 이 책에는 조선 시대뿐 아니라 고려, 신라 시대까지 우리나라를 대표하는 시인들의 작품들이 실려 있어. 책에 실린 시 중에서 가장 많은 분량을 차지하는 것이 바로 허난설헌의 시란다. 허난설헌은 당시 한중일 삼국에서 가장 뛰어난 여성 시인으로 평가받았어. 그런데도 허난설헌

허난설헌의 글과 그림

은 왜 우리에게는 잊힌 인물이 되었을까? 그 이유를 알기 위해서 신사임당과 허난설헌의 삶 속으로 들어가 보도록 하자.

## 닮은 듯 다른 삶을 살았던 신사임당과 허난설헌

신사임당과 허난설헌은 비슷한 점이 많아. 가장 크게 닮은 점은 바로 뛰어난 예술적 재능을 지니고 있었다는 점이지. 그리고 두 사람은 비슷한 시기에 살았던 인물이란다. 이뿐만이 아니야. 태어난 지역도 같아. 두 사람 모두 강릉에서 태어나 어린 시절

을 보냈단다. 두 사람이 태어나고 자란 고향 집이 차로 10분 정도 떨어진 곳이야. 그리고 여성들에게 배움의 기회가 없던 시절에 뛰어난 딸의 재능을 알아보고 계속 공부할 수 있도록 뒷받침해 주신 부모님이 계셨어. 부모님의 든든한 지원에 힘입어 신사임당과 허난설헌은 유복한 환경에서 자신의 뛰어난 능력을 키울 수가 있었지. 이처럼 닮은 삶을 살았던 두 여성 중 허난설헌이 신사임당과 달리 우리에게 잊히기 시작한 것은 바로 결혼 때문이었어.

우리나라는 전통적으로 결혼 후 신랑이 신부 집으로 가서 살다가 자녀가 어느 정도 크면 신랑 집으로 돌아가는 결혼 풍습이 있었어. 그래서 당시에는 신랑이 신부 집으로 들어가 사는 '장가간다'가 결혼을 뜻하는 말로 흔히 사용됐단다. 그런데 장가가는 우리나라의 결혼 풍습은 언젠가부터 신랑 집인 시댁으로 들어가 사는 즉, 시집가는 것으로 바뀌었단다. 조선을 세운 유학자들은 정치부터 일상생활까지 모든 것을 유교 윤리에 따르도록 했는데, 그중 대표적인 것이 결혼 풍습이었던 거지. 허난설헌은 당시 명문가였던 안동 김씨 집안의 며느리가 되었어. 시집간 허난설헌은 시부모님을 모시고 두 아이를 키우는 데 전념해야 했어. 글을 읽고 시를 쓰던 결혼 전의 모습과는 다른 삶이었지. 허난설헌의 남편은 뛰어난 재능을 지닌 아내를 이해하지 못했고 시어머니는 그런 며느리를 구박했어. 그리고 설상가상으로 허난설헌의 친정은 권력 다툼에 휘말려 힘을 잃어가기 시작했어. 이 일을 계기로 늘 의지하던 오빠와 자식 등 사랑하는 가족들을 잃게 되었지. 허난설헌은 이런저런 일을 겪으면서 결국 마음의 병을 앓다가 27살이라는 젊은 나이에 세상을 떠나게 된단다.

그렇지만 모든 여성이 허난설헌과 같은 결혼 생활을 했던 것은 아니야. 결혼 풍습

서울 종로 사직공원에 세워진
신사임당 동상

은 사회 전체와 모든 가정에서 그렇게 단숨에 바뀌지 않았어. 허난설헌과 달리 신사임당은 결혼을 했지만 자신이 자라 온 집에서 그대로 살았단다. 결혼 후에도 신사임당과 남편은 각자의 집에서 생활을 하면서 가끔 만나서 정을 나누었을 뿐이야. 그것도 주로 한양에 살던 남편이 머나먼 강릉까지 왔어. 그래서 신사임당은 오랜 기간 친정에 머물며 그림을 계속 그리며 자신의 재능을 마음껏 펼칠 수가 있었단다. 그리고 여자가 화가로 성공하기 힘들었던 그 당시에도 조선 전기의 가장 뛰어난 화가인 안견에 버금간다는 평을 받을 정도로 이름을 날렸어. 여기에 더해서 신사임당이 유명해진 건 바로 아들인 율곡 이이의 영향이 컸어. 조선 최고의 유학자로 존경받았던 이이를 숭상하는 학자들은 이이의 어머니인 신사임당을 자식을 훌륭하게 키워 낸 어진 어머니라며 모범적인 인물이라고 칭송했어. 신사임당에 대한 이러한 평가는 오늘날까지도 이어져 내려오고 있는 거란다.

## 자신에게 닥친 어려움을 시를 쓰며 극복한 허난설헌

허난설헌은 27세라는 짧은 나이로 생을 마감했지만 방 안을 가득 채울 정도의 많은 시를 남겼단다. 허난설헌은 자신이 쓴 시를 모두 불태워 달라는 유언을 했어. 그러나 동생 허균은 누나의 시를 불태울 수가 없었어. 허균은 누나가 가지고 있던 시와 자신이 기억하는 누나의 시를 모아 『난설헌집』이라는 시집을 출간했단다. 그리고 이 시집이 조선을 방문한 명나라 사신에 의해 명나라에 전해졌지. 당시 중국 명나라에 전해진 허난설헌의 시집은 베스트셀러가 되었다고 해. 그러나 조선에서는 허난설헌의 시가 제대로 평가를 받지 못했어. 이러한 당대의 평가는 현대를 살아가고 있는 우리에게 허난설헌이라는 인물을 잊게 만들었단다.

남성 중심의 조선 사회에서 태어난 허난설헌은 자신이 지닌 재능의 꽃을 마음껏 피워 보지 못했어. 그러나 어려운 환경 속에서도 시를 쓰며 이를 극복하고자 했단다. 그리고 그녀가 쓴 시들은 시집살이라는 틀 안에서 갇혀 살았던 조선 시대 여성들의 삶을 대변해 주기도 하지. 허난설헌 이외에도 조선 시대 뛰어난 능력을 가지고 살아갔던 여성들이 있었다는 것을 기억하고, 이들이 어떤 인물이었는지 한번 찾아보렴. 마지막으로 허난설헌의 시 한 편을 만나 보면서 이야기를 마무리 지어 보려고 해. 시

 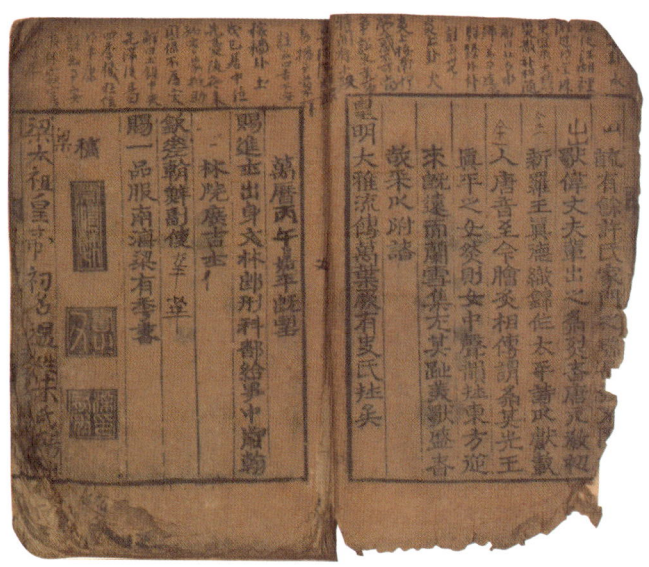

허난설헌 표준영정과 허난설헌 작품이 실린 『난설헌집』

를 읽으면서 과거로 거슬러 올라가 허난설헌의 마음을 느껴 보았으면 좋겠어.

나는 강릉 땅 돌 쌓인 물가에 살았네.
문 앞 흐르는 물에 비단옷을 빨았어.
아침이면 한가롭게 목련 배 매어 놓고
짝지어 나는 원앙새 넋 놓고 보았지.

# 3

# 여성이라서
# 더 혹독한 고문을 당한
# 동학 농민 혁명 지도자,
# 이소사

## 동학당의 여장부 이소사

동학당에 여장부가 있다. 나이는 꽃다운 22살로 용모는 빼어나기가 경성지색이고, 이름은 이소사라고 한다. 오랫동안 동학도로 활동하였으며, 장흥부가 불타고 함락될 때 그는 말 위에서 지휘를 하였다고 한다. 동학도 모두가 존경하는 인물이었으나 장흥 전투의 실패로 관군에 체포돼 지금은 장흥의 철창 안에 있다고 한다.

『고쿠민신문』 1895년 3월 5일

1895년 일본에서 발행한 신문인 『고쿠민신문』에는 이런 기사가 쓰여 있어. 1895년?

장흥 동학농민혁명기념관에 걸린, 말을 타고 농민군을 이끄는 이소사의 모습을 그린 작품

동학당? 혹시 동학 농민 혁명을 말하는 거냐고? 맞아. 그런데 신문 기사를 천천히 살펴보니 '동학 농민 혁명' 하면 우리가 쉽게 떠올리는 녹두 장군 전봉준이 아니라 여장부 이소사라는 이름이 등장하는구나. 말을 타고 수많은 동학군을 지휘했던 여성, 이소사는 도대체 누구일까?

동학 농민군의 주력 부대는 공주 우금치에서 조선 관군-일본 연합군에 맞서 싸웠단다. 그러나 전투에서 크게 지고 말았지. 이후 패전을 거듭한 농민군은 결국 해산을 결정하게 되었어. 그렇지만 농민군에 들어갔던 많은 농민들은 갈 곳이 마땅치 않았어. 조선 관군과 일본군이 이들을 찾아내려고 끈질기게 추적했기 때문이야. 농민군은 쫓기고 쫓겨 마침내 전라남도 장흥, 보성까지 내려가게 되었단다. 그때 마침 장흥과 보성 일대에서는 농민군이 다시 일어서고 있었어. 한반도 남쪽 땅까지 내려간 동학 농민군은 이 지역 농민군과 힘을 합쳐 항쟁을 이어 나갔는데 그 수가 3만여 명이나 되었다고 해. 농민군은 장흥부의 장녕성을 함락했어. 그런데 이때 말을 타고 선두에서 농민군을 지휘한 인물이 바로 이소사란다. 말을 타고 선두에 서서 3만 명의 농민군을 이끌었던 이소사의 모습을 한번 상상해 보렴. 영국과의 백 년 전쟁 당시 선두에 서서 프랑스군을 지휘하여 승리로 이끌었다는 잔 다르크의 모습이 떠오르지 않니? 그런데 잔 다르크 이야기는 우리나라에서도 쉽게 만날 수 있지만, 정작 이소사에 대한 이야기는 어디서도 찾을 수가 없어.

## 토벌군에게 혹독한 고문을 당한 이소사

이소사를 세상에 가장 먼저 알린 사람은 뜻밖에도 당시 토벌군을 이끌었던 이두황이란다. 이두황이 동학 농민군을 토벌할 때 쓴 『양호우선봉일기』에는 이소사와 관련된 이런 내용이 나와.

> 여자 동학교도 1명은 파견된 관리가 넘겨받아 죄를 밝히기 위해 매를 때리는 과정에서 이미 살과 뼈가 문드러지고 숨을 헐떡여서 살 수 있는 날이 며칠 남지 않은 것 같습니다. 그러니까 압송하라는 명령을 조금 늦춰 주시는 것이 어떻겠습니까?
>
> 『양호우선봉일기』 1895년 1월 1일

　붙잡힌 이소사를 나주로 보내라고 요구하는 일본군에게 이두황이 쓴 편지의 내용이란다. 당시 토벌군은 농민군을 붙잡게 되면 보통 2~3일 안에 재판도 열지 않고 죽였단다. 그런데 이소사의 경우에는 달랐어. 이소사는 토벌군에 붙잡힌 후 7~8일 동안 매우 극심한 고문을 당했어. 동학의 최고 지도자 전봉준에게도 이런 고문을 하지 않았다고 해. 토벌군은 이소사에게 왜 그랬을까?

　그 이유를 짐작하려면 동학 농민 혁명을 이끌었던 동학사상이 무엇인지 자세히 살펴볼 필요가 있어. 동학은 '사람은 곧 하늘(인내천)'이라는 평등사상에 바탕을 두고 있는 종교란다. 다시 말해, 사람을 섬기는 것이 곧 하늘을 섬기는 것이므로 모든 사람은 하늘처럼 떠받들어야 하는 귀중한 존재라는 것이지. 동학의 평등사상은 신분에 따라 사회적 지위와 생활이 결정되는 양반 중심의 조선 사회를 부정하는 것이었어.

이런 인간 중심의 평등사상은 남성뿐 아니라 여성에게도 해당되었지. 사회적 차별과 속박에 시달리던 여성 중에는 평등사상에 이끌려 동학에 가입하는 경우가 많았어. 이소사도 그랬을 거야. 당시 일본의 『아사히신문』에는 다음과 같은 내용의 이소사 관련 기사가 실렸어.

> 장흥 부근의 동학도 무리에는 한 명의 여자가 있는데 추천으로 수령이 됐다. 우리 병사가 잡아서 심문했는데 완전히 미치광이가 됐다. 동학도가 신을 이야기하고 신을 말하는 것을 이용하여 천사 혹은 천녀라 칭하여 어리석은 백성을 선동했다.
>
> 『아사히신문』 1895년 4월 7일

신문 기사 내용을 바탕으로 생각해 보면, 이소사는 당시 동학 안에서 많은 사람들이 떠받드는 높은 위치에 있었던 것 같아. 이소사가 그렇게 될 수 있었던 것은 자신의 뛰어난 능력과 함께 여성 해방과 평등이라는 동학사상의 영향 때문이었을 거고. 당시 토벌군에게는 집단의 우두머리로서 농민군을 지휘하고, 남성들마저 따르는 이소사가 미치광이로 보였겠지. 그래서 남성 중심의 생각에 사로잡힌 토벌군은 이소사에게 적개심을 가지고 심한 고문을 해서 이소사를 굴복시키려고 했을 거 같아.

## 잊힌 인물의 목소리

이소사를 비롯한 이름 없는 여성 동학 농민군의 외침은 당시의 굳건한 신분 차별, 여성 차별이라는 벽에 금이 가게 했단다. 당시 조선 조정이 발표한 갑오개혁에는 각종 차별을 철폐한다는 내용이 들어 있어. 동학 농민 혁명에는 많은 여성이 참여하여 희생되었지만 기록이 거의 없어서 우리는 그들을 기억하지 못하고 있어. 우리가 역사를 만나다 보면 수학 공식처럼 역사적 사실을 암기하는 경우가 많아. '동학 농민 혁명은 전봉준' 이렇게 말이야. 물론 전봉준은 농민군을 이끌었던 동학 농민 혁명의 지도자로 역사에서 기억해야 할 인물이야. 그렇지만 다른 한편으로 동학 농민 혁명을 전봉준으로만 기억하는 순간, 인간 평등을 외치며 동학 농민 혁명에 함께 했던 수많은 동학 농민군들은 우리의 기억에서 잊힌단다. 이소사와의 만남을 통해 묻혀 있던 동학 농민군의 목소리를 들었던 것처럼 우리에게 잘 알려진 위인 외에 과거를 살았던 다양한 인물들을 만나 본다면 역사의 또 다른 목소리를 들을 수 있을 거야. 그 과정에서 역사를 배우는 진짜 이유를 찾을 수 있고 말이야.

# 4

# 김원봉에 가려진 '절친', 윤세주

## 똥통에 일장기를 던져 버린 소년

1911년, 밀양의 작은 초등학교에서 있었던 일이야. 그날은 일본 천황의 생일이었지. 일본인 교장은 학생들에게 일장기를 나눠 주며 다음과 같이 이야기했어.

"오늘은 일본 천황 폐하께서 태어나신 감격스러운 날입니다. 우리 함께 일장기를 흔들며 축하하는 마음을 전해 드리도록 합시다."

교장에게 받은 일장기를 받자마자 구린내가 풍기는 화장실로 뛰어가는 아이가 있었어. 그 아이는 일장기를 똥이 가득한 화장실 변기에 내던져 버렸지.

1910년 우리나라는 주권을 일본에게 빼앗기고 이후 35년 동안 식민지가 되었단다. 그런데 혹시 너희 이런 생각해 본 적이 있니? 만약 내가 그때 초등학교에 다니고 있었다면 어땠을까? 별다른 생각 없이 학교에서 시키는 대로 생활하면서 살았을까, 아니면 우리나라가 왜 일본의 지배를 받아야 하는지 의문을 가지면서 일제의 식민 교육을 자기 나름으로 거부하려고 했을까? 왜 갑자기 이런 질문을 하느냐고? 바로 오늘 우리가 만나는 인물이 바로 그 시대에 초등학교를 다녔던 11살 아이, 그리고 일장기를 똥통에 던져 버린 아이란다. 그 아이는 자라서 평생을 우리나라 독립을 위해 일본에 맞서 싸웠어. 이 소년의 이름은 윤세주야. 안중근, 유관순은 알아도 윤세주 이름 세 글자는 처음 들어 보지? 초등학교 교과서는 물론, 중·고등학교 교과서에도 이름이 나오지 않으니까 말이야. 그런데 일찍이 중국에서는 일제와 맞서 싸운 윤세주를 높이 평가해 왔어. 그렇다면 윤세주는 누구이고, 중국에서도 높이 평가한 그를 우리가 기억하지 못하는 이유는 무엇일까?

## 의열단 최연소 단원, 윤세주

초등학교 때 일장기를 똥통에 버린 윤세주는 중학교에 입학해서 몇 명의 학교 친구들과 함께 몰래 조직을 만들었어. 그리고 당시 금지되었던 개천절 기념행사를 했어. 어린 학생들의 행동이라고는 하지만 이런 모습이 일본의 눈에 예뻐 보일 리가 없었지. 결국, 이 일로 윤세주가 다니던 동화 중학은 문을 닫게 되었고, 윤세주의 마음속

밀양 의열기념공원에 있는 윤세주 어록비와 윤세주

에 일본에 대한 저항심과 독립 의지는 더욱 커지게 되었단다.

　1919년 3월 1일, 19살이 된 윤세주는 서울에서 3·1운동에 참여했어. 그리고 독립 선언서를 구해 들고 고향 땅 밀양으로 내려간단다. 독립 만세의 목소리를 밀양에서도 울려 퍼지게 하고자 하는 마음이었지. 밀양 장터에 수천 명의 사람을 모은 후 독립 선언서를 낭독하고 사람들의 앞에 서서 태극기를 흔들며 영남 최초의 만세 운동을 이끌었단다. 만세 운동 주동자를 잡으려는 일본 경찰을 피해 윤세주는 만주로 망명해서 본격적인 독립운동가의 길을 걷게 돼. 먼저 그는 독립투사를 키우는 신흥 무관학교에 다니면서 정식 군사 훈련을 받았어. 그리고 같은 고향 출신인 김원봉을 단장으로 해서 13명의 사람들과 함께 의열단을 조직했어. 의열단은 조국의 독립을 위해 무장 투쟁으로 일제에 대항하는 단체였단다. 의열단의 가장 어린 단원이었던 윤세주는 첫 임무를 수행하기 위해 우리나라 땅을 몰래 밟게 되었지. 그가 맡은 임무는 조

의열단원들

선 총독부, 동양 척식 주식회사, 그리고 주요 도시의 경찰서 등 일제의 식민 통치 기관을 폭파하는 것이었어. 이 계획은 성공했을까? 아쉽게도 정보가 유출되어 폭파 계획은 실패하고 윤세주는 일본 경찰에게 붙잡히고 말았어.

## 조선의용대를 이끌다

잔혹한 고문을 받은 후 6년 7개월 동안 감옥 생활을 하고 다시 세상 밖으로 나오게

된 윤세주는 잠시 고향인 밀양에서 신문사를 꾸리며 언론을 통한 독립운동을 하게 돼. 그러다가 32세가 되던 해에 무장 투쟁을 위해 다시 중국으로 건너간단다. 중국에서 윤세주는 무장 독립운동 단체인 조선의용대를 만드는 데 앞장섰어. 그리고 일본군과 직접 싸우기 위해 조선의용대 대원 중 일부를 이끌고 중국 북쪽으로 이동했단다. 윤세주는 함께 이동한 조선의용대 대원들과 그곳에서 무장 독립 투쟁을 하던 조선인 청년들을 모아서 조선의용대 화북지대로 재편성했어. 그리고 그들은 중국 공산당의 군대와 힘을 합쳐 일본군에 맞서 싸웠지.

  1942년 일본군은 조선의용대 화북지대와 중국 공산당군의 기지가 있던 타이항산을 포위하고 대대적으로 공격했어. 중국 공산당군은 주요 지휘관을 포함한 병력 대부분을 잃을 위기에 빠졌어. 이때 윤세주가 이끄는 조선의용대 대원들이 일본군의 포위망을 뚫는 데 앞장섰어. 조선의용대의 활약으로 중국 공산당군의 주력 부대를 보존했고, 중국 공산당 지도부와 다른 조선인들은 무사히 타이항산을 빠져나올 수 있었지. 그때 빠져나온 중국인들 중에는 나중에 중국의 최고 통치자가 된 덩샤오핑도 있었단다. 그러나 전투 도중 윤세주는 일본군이 쏜 총탄에 맞아 쓰러져 41세의 나이로 고향 땅이 아닌 머나먼 중국 땅에서 세상을 떠나야만 했어. 그가 그토록 바라던 나라의 독립을 보지도 못하고 말이야. 그리고 현재 윤세주는 중국인 항일 투사들과 함께 중국 땅에 묻혀 있단다.

## 잊힌 독립운동가, 윤세주

윤세주는 1982년 독립 유공자로 지정되어 공훈록에 실려 있어. 그렇지만 1만 6천 명이 넘는 독립 유공자 중 한 명일 뿐, 그 이름을 기억하는 사람은 거의 없어. 윤세주의 활동에 비하면 우리는 그를 너무 소홀히 대했던 것이 아닐까? 왜 우리의 역사책에 윤세주의 이름이 나오지 않는 걸까? 윤세주가 독립을 맞기 전에 죽었기 때문일까?

의열단을 이끌었던 김원봉도 지금은 우리에게 제법 익숙하지만 한때는 독립운동가로 이름이 널리 알려지지 않았단다. 윤세주와 김원봉을 기억하지 못했던 이유는 비슷하다고 할 수 있어. 윤세주는 중국 공산당과 함께 활동을 했고, 김원봉은 해방 이후 북한으로 건너가 고위 관리를 했기 때문이야. 아무리 독립운동에 큰 공을 세웠어도 공산당과 협력하거나 공산주의 사상에 우호적이면 독립운동 서술에서 빼 버렸던

조선의용대의 한글 구호

거야. 그러나 이제 우리는 의열단 단장인 김원봉의 이름을 중·고등학교 교과서는 물론 한국사 책, 그리고 영화에서도 만날 수 있어. 의열단 활동을 언급하면서 김원봉의 이름을 뺄 수가 없으니까 넣게 되었지. 그렇지만 김원봉은 북한에서의 활동 때문에 지금도 국가 유공자 명단에는 빠져 있단다.

 이제 김원봉의 이름은 역사책에 나오고 그의 활동도 수업시간에 배우는데, 윤세주의 이름은 왜 지금도 없는 것일까? 윤세주도 김원봉과 함께 오랫동안 독립운동을 계속했는데 말이야. 아마도 나중에 광복군에 합류한 김원봉과는 달리 윤세주는 끝까지 중국 공산당군과 함께 활동했기 때문이 아닐까? 아니면 김원봉은 의열단 단장이었지만, 윤세주는 단원이었기 때문일 수도 있어. 우리는 역사에 나오는 어떤 단체에 대해 공부할 때, 그 단체를 만들거나 이끌었던 사람의 이름만을 기억하는 경우가 많아. 그런데 역사를 만드는 데는 '주연'만이 아니라 '조연'도 중요해. 역사의 조연에 관심을 둘 때 우리는 역사 공부에서 기억해야 할 역사적 사실, 기억해야 할 인물을 빠뜨리지 않을 수 있어. 물론 그렇다고 김원봉은 주연, 윤세주는 조연이란 뜻은 아니야. 김원봉과 윤세주는 두 사람 모두 당당히 독립운동의 역사를 만든 주인공들이란다.

우리가 기억하지 못하는 동안 윤세주는 중국인들에게 항일 영웅으로 오늘날까지 칭송을 받으며 기려지고 있단다. 윤세주가 이끈 조선의용대가 활약한 중국 허베이성 마을의 초등학생들은 〈조선의용대 추모가〉를 아직도 한국어로 즐겨 부른다고 해. 목숨을 걸고 일본에 맞서 싸운 윤세주 그리고 조선의용대의 용기와 희생을 기억하는 거지. 현재 우리가 이곳에서 살아갈 수 있는 이유는 독립을 위해 힘쓴 여러 사람의 희생과 헌신 때문이었다고 말하는 데 주저하는 사람은 없을 거야. 그런데 몇 명의 독립운동가 이름만을 기억한 채, 독립운동에 자신의 삶을 바친 많은 사람들을 잊고 있는 것은 아닐까?

◆ 우리 함께 생각해 보아요 ◆

## 잊혔다가 다시 기억되는 역사 인물은 없을까요?

지금은 교과서에 나오지만, 오랜 기간 사람들의 머릿속에 기억되지 않았던 인물들이 많단다. 어떤 이유로 우리는 이들의 이름을 잊고 있던 것일까? 그리고 어떻게 해서 우리에게 알려지기 시작했을까?

초등 교과서에는 여성 의병장인 윤희순의 이야기가 실려 있어. 1895년 일본이 명성 황후를 살해하고 권력을 장악한 후 단발령을 발표하자 윤희순은 강원도 춘천 지방에서 의병을 일으켰어. 윤희순은 여성도 의병에 참여하자는 노래를 만들어 보급하고, 직접 여성을 모아 의병 활동을 했단다. 윤희순은 이때만이 아니라 10년 후 일본이 침략을 본격화하자 다시 의병을 일으켜 싸웠어.

그런데 윤희순의 이름은 요즘에야 비로소 교과서에 실리고 사람들에게 알려지고 있어. 예전에 윤희순을 잘 몰랐던 것은 의병은 일본군과 싸우는 사람들이니 당연히 남성들일 것이라는 선입견 때문이었지. 그래서 이에 대한 연구가 제대로 되어 있지 않아 교과서뿐 아니라 다른 역사책에도 여성 의병 이야기가 별

| 강원도 춘천의 윤희순 동상

로 나오지 않았던 거야. 그러다가 2000년대 들어 역사 속 여성의 활동에 관심이 높아지면서 윤희순의 의병 활동도 관심을 모으기 시작했어. 윤희순뿐 아니라 일제 강점기 독립운동에 참여했던 허은, 남자현, 박차정, 정정화, 지복영 같은 여성 인물들의 이름과 이들의 활동도 점차 알려지고 있단다. 이들의 이름이나 활동이 교과서나 역사책에 나오기도 하고, 독립운동을 소재로 하는 영화에 이들을 모델로 한 인물들이 등장하기도 해. 그렇지만 아직까지 대부분의 사람들이 알고 있는 여성 독립운동가들은 실제 활동을 했던 인물의 극히 일부에 지

나지 않아.

　조선 시대나 그 이전에 살았던 여성 중 이름을 알고 있는 사람이 있니? 아마 대부분은 앞에서 살펴본 신사임당과 허난설헌 정도일 거야. 사람들이 아는 역사 인물 중 여성은 몇 사람이 되지 않아. 역사 기록에도 여성 이름을 찾기 힘들지. 기록에서 찾을 수 있는 여성이라고는 대부분이 왕비나 궁녀 같은 궁중 여성이나 누구의 부인, 어느 집안의 며느리로 나올 뿐이지. 그것은 우리가 공부하는 역사가 정치, 국가들 간의 관계, 대외 항쟁과 전쟁 등과 같은 남성의 활동 영역을 중심으로 기록되었기 때문이야. 그래도 근래 역사 속의 여성 활동에 관심이 높아지면서 새로운 여성 인물들이 알려지고 있어. 제주도 여성으로 큰돈을 벌어서 빈민을 구제한 김만덕의 이름은 이제 교과서에도 나오는구나. 조선 시대 여성 유학자였던 임윤지당이나 여성 실학자였던 빙허각 이씨를 주인공으로 하는 아동용 역사책도 서점에서 찾아볼 수 있어. 너희들도 이들이 어떤 활동을 했는지 좀 더 구체적으로 찾아보렴. 이들과 함께 기억할 만한 여성 인물로 누가 있는지도 알아보면 좋을 거야.

◆ 해 보아요 ◆

# 내가 찾은 독립운동가

학교에서 우유를 마시다가 갑자기 우유팩에 그려져 있는 인물이 눈에 띄었어. '11월의 독립운동가 박은식'. 들어 본 적이 있는 분인 것 같기는 한데 어떤 활동을 했는지 자세히는 모르겠어. 11월의 독립운동가라고 했으니까 다른 달의 독립운동가도 있을 거라는 생각이 들었어. 그럼 1월부터 12월까지의 독립운동가는 누구일까?

이달의 독립운동가는 국가보훈처가 선정하는 독립운동가 명단이야. 매달 1명 이상의 독립운동가를 선정해서 발표하고 있어. 매년 같은 달에 같은 분을 '이달의 독립운동가'로 발표하는 것이 아니라 계속 바뀌는 거야. 2019년에 한 우유 회사는 3·1 운동 및 대한민국 임시 정부 수립 100주년을 맞아 우유팩 표지에 국가보훈처가 선정한 독립운동가의 소개 문구 및 이미지를 넣었단다. 우유를 마시는 학생들이 독립운동의 의미를 되새기기를 바라는 마음으로 이런

2022년 1월 이달의 독립운동가 포스터

행사를 마련했다고 해. 이 일을 계기로 많은 학생들은 우유를 마시면서 지금까지 이름조차 몰랐던 독립운동가들의 높은 뜻과 나라를 위한 마음을 생각해 볼 수 있는 기회가 되었을 거 같아. 너희도 직접 이달의 독립운동가를 선정해 보는 것은 어떨까?

### 활동순서

① **내가 소개하고 싶은 독립운동가를 선정해 보아요.**

— 활동 분야와 지역

— 담당 역할

— 인물의 성격(예: 여성과 남성, 성인과 청소년, 한국인과 외국인 등)

❷ **인터넷과 책을 통해 위의 조건에 맞는 인물로 누가 있는지 찾아서, 그중 소개하고 싶은 인물을 선정해요.**

❸ **선정한 인물의 인적 사항, 주요 활동 내용, 활동 단체 등을 정리해 보아요.**

— 인물의 이름과 모습, 출신지, 성장 과정 등 인적 사항

— 핵심 활동

— 활동했던 단체

— 인물을 소개하는 문구

❹ **인물을 소개할 방법을 선택해서 표현해 보아요.**

— 인물 소개 방식의 선택(예: 우유갑의 한 면, 포스터, 한 컷 만화 등)

— 선택한 방식에 맞는 소개 내용 정리

— 인물 소개 내용 쓰기

4장

# 다양한 눈으로 보는 역사

역사에서 가장 많이 나오는 사건 중 하나는 전쟁일 거야. 고구려는 중국 여러 나라와 계속 싸웠지? 고려는 거란이나 여진, 몽골과 전쟁을 했고, 조선 시대에도 일본과 싸운 임진왜란, 청과 싸운 병자호란 같은 전쟁이 있었어. 전쟁에서 우리가 이기면 신이 나지. 패한 이야기를 들으면 안타까울 거고. 우리가 이기는 데 큰 공을 세운 사람은 영웅이 되어 역사책에서 쉽게 찾아볼 수 있어. 당시 사람들도 우리나라가 전쟁에서 이겼다는 소식을 들으면 대단히 기뻐했을 거야. 그런데 모든 사람이 기뻐만 했을까?

전쟁은 나라와 나라 사이에 의견이 다르거나 서로 이익을 보려고 다투다가 일어나는 거야. 그렇지만 전쟁에 대한 생각이 모두 같지는 않을 거야. 그건 다른 사건들에 대해서도 마찬가지겠지. 하나의 사건이라고 하더라도 많은 사람이 관련되어 있어. 어떻게 관련되어 있는지에 따라 사건을 보는 관점은 달라질 수 있어. 당시 사람들뿐 아니라 오늘날 우리도 마찬가지일 거고. 몇 가지 사례를 들어 역사적 사실을 보는 눈이 어떻게 다를 수 있는지 생각해 보자.

# 청야 전술과 고구려 농민

### 중국과의 전쟁을 승리로 이끈 청야 전술

고구려는 지금의 중국 땅에 있던 여러 나라와 많은 전쟁을 치렀어. 특히 수나라, 당나라와의 전쟁은 엄청난 인원이 동원된 대규모 전쟁으로, 그 과정은 많이 들어 봐서 잘 알 거야. 고구려는 전쟁에서 때로는 패한 적도 있지만, 대부분 이들 나라의 침공을 효과적으로 막아 냈단다. 고구려가 어떤 전술로 이들의 침공을 막아 냈는지 알고 있니?

고구려는 적이 쳐들어올 길목에 튼튼한 성을 쌓고, 그 안에 들어가 적을 맞아 싸웠단다. 성안에서 싸우는 고구려군이 성 바깥에서 공격하는 적군보다 유리한 것은 당연하겠지. 성벽에 몸을 숨기고 성을 기어오르거나 성문을 부수려는 적을 공격할 수 있었으니까. 적에게 그보다 더 큰 문제는 성 밖에서는 생활하기도 불편하고 식량을

고구려 백암성의 현재 모습

구하기도 쉽지 않았다는 거야. 쉴 곳도 마땅치 않고, 식량이 떨어지면 멀리 떨어진 자기 나라에서 운반해 와야 했는데 그게 쉬운 일이 아니었겠지. 결국 전쟁이 길어지면 성 바깥에 있는 적은 지치고 식량도 부족하여 되돌아갈 수밖에 없었단다. 그래서 고구려는 적이 성 바깥에서 식량과 쉴 곳을 구할 수 없도록 농민들에게 모든 집과 농토를 불태우고 성 안으로 들어오게 하였단다.

이런 전술을 '청야 전술'이라고 해. '청야'는 들을 깨끗이 비운다는 뜻이야. 어떠니? 훌륭한 전술이지? 그래서 많은 역사책이나 프로그램에서 고구려의 전쟁이라고 하면 이 청야 전술을 소개한단다.

## 고구려 농민은 청야 전술을 어떻게 생각했을까?

고구려는 청야 전술로 적을 물리칠 수 있었어. 그런데 적이 물러간 다음 모든 고구려 사람들의 생활이 편안해졌을까? 성안은 평상시에도 모든 사람이 머물기에는 너무 좁았고, 생활할 집이나 경작할 농토도 없었으므로, 전쟁이 끝나면 농민들은 원래 살던 곳으로 돌아가야 했을 거야. 그런데 집은 이미 없어지고 농사도 새로 지어야 했겠지. 전쟁이 끝났지만 이번에는 먹고살아야 할 일이 걱정으로 밀려오지 않았을까? 나라의 명령으로 그렇게 했으니까 보상을 해 주었을 거라고? 그럴지도 몰라. 기록에 그런 이야기는 나오지 않아서 알 수가 없어. 그렇지만 당시 국가가 농민이 입은 피해를

강화도의 고려궁지

모두 보상해 주지는 않았을 거야. 그러기에는 나랏돈이 너무 많이 들 테니까. 결국 농민들은 전쟁에서 이기더라도 큰 피해를 입고 이전보다 어려운 생활을 할 수밖에 없었어. 전쟁에서 이기는 것보다는 처음부터 일어나지 않는 편이 훨씬 좋았던 거지.

이런 전술은 고구려만 사용했던 것은 아니야. 고려도 몽골과 싸울 때 비슷한 전술을 사용했고, 세계 여러 나라 전쟁에서도 찾아볼 수 있어. 고려 조정은 도읍을 개경(지금의 개성)에서 강화도로 옮긴 다음, 몽골군이 쳐들어오면 집과 농작물을 불태우고 농민들에게 섬이나 깊은 산속의 성으로 피하라고 지시했단다. 이때 농민들이 어떤 고민을 하거나 선택을 했는지는 고려의 역사를 쓴 기록에 제대로 나오지 않아. 기록하는 사람이 농민들의 이런 고민에는 별다른 관심을 가지지 않았기 때문이야. 고려가 몽골과 어떻게 싸웠는지에만 초점을 맞춘 것이지. 그런데 지금 우리도 그러고 있지 않을까? 역사 공부는 지난날 사람들이 생각하고 살아간 모습을 배우는 것이라고 알고 있지? 그렇지만 역사를 공부하면서 기록에 직접 나오지 않는 사람이나 그들의 생활과 생각에 눈을 돌리는 경우는 흔하지 않아. 이들의 삶과 행동을 역사 공부 속으로 가져올 수는 없을까? 기록에도 없는 것을 어떻게 알 수 있냐고? 기록에 직접 나오지 않더라도 그들이 처한 환경과 부딪힌 문제, 이를 해결하기 위해 했음 직한 고민 등을 생각해 볼 수는 있어.

전쟁이 일어나면 모든 사람들이 어떻게 싸워서 이길 것인지만 고민한 것은 아닐 거야. 아마도 전쟁의 영향을 적게 받으면서 일상생활을 계속할 수 있었으면 하고 바라는 사람도 많았겠지. 그래서 우리가 기록에서 보는 역사적 사실만이 당시 살았던 모든 사람의 생각이나 생활이 아니란다. 하나의 역사적 사실이라고 하더라도 사람들의 경험은 다를 수 있는 거지.

## 2

# 끌려간 조선 도공은
# 왜 돌아오지 못했을까?

**일본으로 끌려간 조선 도공**

임진왜란은 조선 중기에 일어난 큰 규모의 전쟁이지. 일본군의 침공으로 7년에 걸쳐 한반도 대부분이 전쟁에 휩싸였단다. 중국의 명나라도 많은 병사를 조선에 보내서 일본군과 싸웠어. 일본이 조선을 점령하면, 명나라도 위험할 수 있다고 생각한 거지. 한반도 북부 압록강과 두만강 일대에서 세력을 키워 가던 여진족도 신경을 곤두세우며 임진왜란을 지켜봤단다. 그래서 임진왜란은 동아시아 전쟁이라고 할 수 있어.

   임진왜란이 어떻게 전개되었고 어디서 전투가 벌어졌으며, 어떤 인물들이 활약했는지는 많이 들었을 테니까 여기에서 다시 이야기하지는 않을게. 그런데 임진왜란 때 많은 사람들이 일본으로 끌려갔다는 걸 아니? 이 중 지금도 주목을 받는 사람들

일본 규슈의 이삼평 신사

이 있어. 도자기를 굽는 도공들이란다. 임진왜란을 가리켜 '도자기 전쟁'이라는 말이 있을 정도야. 일본군은 왜 유독 조선의 도공들을 끌고 갔을까? 그것은 당시 일본 상류층의 사람들이 도자기를 좋아했던 데다가, 조선 도공의 솜씨가 매우 좋았기 때문이야.

일본에 끌려간 조선 도공들은 여러 곳에서 많은 도자기를 구웠단다. 그 결과 일본에서는 우수한 도자기가 많이 생산되고, 도자기 기술도 크게 발전했어. 그중 가장 유명한 사람은 이삼평이야. 이삼평은 조선과 가까운 규슈의 아리타라는 지역으로 끌려가 도자기를 구웠는데, 그곳의 도자기는 일본에서 가장 유명해졌단다. 이에 반해 많은 도자기 기술자가 일본에 끌려가서 그 뒤 조선의 도자기 기술은 제대로 발전하지 못했지. 우리나라를 침략한 것도 모자라서 도자기 기술자까지 끌고 가다니 정말로 일본이 지난날 역사에서 우리에게 나쁜 짓을 많이 했다는 생각이 들지 않니?

## 돌아오지 않은 도공들

임진왜란 이후 일본은 조선에게 다시 교류를 하자고 제안했어. 이에 대해 조선은 일본이 다시 교류를 하려면 끌고 간 조선 사람들을 돌려보내야 한다는 조건을 내걸었어. 일본이 이를 받아들임으로써 상당수의 사람들이 조선으로 돌아올 수 있었지. 그렇다면 조선 도공들도 이때 돌아왔을까? 이삼평을 비롯한 조선 도공들은 돌아오지 못하고 그냥 일본에서 평생을 살았단다. 왜 그랬을까?

조선 도공들이 돌아올 수 없었던 이유를 명확히 알 수는 없어. 일본 사람들이 우수한 도자기를 만들기 위해 조선 도공들을 감추었거나 돌려보낼 대상에서 제외했을 수도 있겠지. 일본에 끌려가기는 했지만, 도공들은 그곳에서 비교적 좋은 대우를 받았어. 물론 조선에서도 우수한 기술을 가진 도공은 일반 농민이나 수공업자보다 생활이 낫기는 했어. 그렇지만 일본에서 받은 대우가 훨씬 좋았던 것 같아. 거기에다가 도자기를 굽는 데 필요한 각종 지원도 많았어. 심지어 뛰어난 도자기 기술로 사람들의 존경을 받기도 했단다. 앞에서 나온 이삼평 후손들은 그곳에서 계속 살았고, 지금

일본 아리타 도자기(왼쪽)와 조선 후기 백자(오른쪽)

도 일본 사람들은 이삼평을 '도자기의 신'으로 떠받들며 제사를 지낸단다.

## 기록에 나오지 않는 도공의 마음

어떠니? 너희가 일본에 끌려간 조선 도공이라면 임진왜란이 끝나고 조선에 돌아오고 싶겠니? 우리나라를 침략하고 자신들을 강제로 끌고 왔으니까, 하루 빨리 일본 땅에서 벗어나고 싶은 마음도 있었을 거야. 조선에는 자신이 태어나고 살았던 그리운 고향이 있겠지? 어쩌면 거기에 여전히 부모님이 살아 계시고 친척들도 있었을 테니까 하루라도 빨리 돌아가고 싶었을 거야. 그렇지만 다른 한편에서는 일본 생활을 버리고 싶지 않은 마음도 있지 않았을까? 전쟁이 끝나고 왜 도공들이 돌아오지 못했는지 알 수는 없어. 기록에도 없고 역사책들도 이런 이야기를 쓰지는 않아. 그렇지만 역사를 공부하면서 우리는 일본에 끌려간 도공들이 어떤 생각을 했을지 추측해 볼 수는 있단다. 친구들과 자신의 생각을 같이 이야기해 보아도 좋을 거야. 물론 내 생각과 친구의 생각이 같지 않아도 괜찮아. 그럴 때 나와 친구의 서로 다른 이야기가 모두 역사가 될 수 있어. 지난날 일어난 하나의 일을 대상으로 하더라도, 그 해석은 여러 가지가 될 수 있단다. 그것이 우리가 공부하는 역사의 특징이야.

## 3

# 독립운동가는
# 어떤 사람들일까?

**'노블레스 오블리주'의 상징 이회영 형제**

1905년 을사조약으로 우리나라는 일본에게 외교권을 빼앗기고, 국내 정치도 일본의 노골적인 간섭을 받게 되었어. 1910년에는 '한국과 일본을 하나로 합친다'는 명목으로 아예 주권을 박탈당하고 일본의 식민지가 되었지. 일본은 조선 총독부를 설치하여 우리나라를 직접 통치하고, 우리나라 사람들이 나라를 되찾으려는 운동은 물론 민족의 전통을 지키거나 민족에 대해 생각하는 것까지 철저히 막았어. 이 때문에 국내에서 활동하기 어려워진 많은 사람들이 일제의 탄압을 피해 독립운동을 하기 위해 중국이나 소련 땅으로 떠나갔어. 그중에는 독립운동에 자신의 목숨을 바치거나, 전 재산을 팔아서 독립운동 자금으로 쓴 사람도 있어. 만주나 연해주의 산속에

이회영 6형제의 서간도 망명 논의(기록화)

서 혹독한 추위에 시달리면서도 독립을 위해 일본과 싸우겠다는 생각만으로 군사 훈련을 했던 사람들도 있었지. 이들 중에는 아무리 일제의 식민 통치 아래라고 하더라도 국내에 있었으면 편히 먹고살 수 있었던 사람들도 있었단다. 이회영 6형제는 우리나라가 일본의 완전한 식민지가 되자 살던 집과 가진 땅 등 전 재산을 팔아 만주로 이주하여 독립운동을 했는데, 그때 마련한 자금이 40여만 원, 지금 돈으로 하면 600억 원이 넘었다고 해. 그나마 이 금액도 이들이 워낙 급하게 재산을 처분했기 때문에 제값을 받지 못했기 때문이지. 실제로 이들의 재산은 2조 원 이상의 가치가 있다고 추정하는 연구도 있어. 그 돈으로 적지 않은 독립군을 육성했지만, 정작 이들은 끼니조차 제대로 유지하기 힘들었을 정도란다. 그래서 이회영 형제들은 '노블레스 오블리주'의 대표적 인물로 교과서에 실리거나, TV 특집 프로그램으로 방영되기도 했어. '노블레스 오블리주'란 사회 고위층에 있는 사람에게 요구되는 높은 도덕적 의무를 뜻하는 말이야. 이처럼 독립운동에 온몸을 바친 사람들은 어떤 사람들일까? 일반적인 평범한 사람들이라면 이렇게 살아갈 수 있었을까?

## 일본인을 꿈꾸던 청년에서 독립운동가로

'이봉창'이란 이름을 기억하지? 초등학교 교과서에도 나오는 유명한 독립운동가니까 잘 알 거야. 이봉창은 일본의 수도인 도쿄에서 일본 천황을 죽이려고 폭탄을 던졌어. 그러나 폭탄이 빗나가서 실패하고 체포된 이봉창은 결국 사형당했단다. 이봉창은 1931년 스스로 중국 상하이에 있던 대한민국 임시 정부를 찾아가서 우리나라의 독립을 위해 일하겠다고 말했어. 그 산하 단체인 한인애국단에 가입하면서 조국의 독립을 위해 목숨을 바치겠다고 맹세한 거지. 이런 이봉창의 단호한 태도에 당시 임시 정부를 이끌던 김구는 혹시 일본의 밀정이 아닌지 의심까지 했다고 해. 한인애국단에 가입한 이봉창은 곧바로 일본 도쿄로 건너가 천황을 죽이려고 했어. 한인애국단은 너희도 잘 아는 김구가 우리나라 침략에 책임이 있는 일본 고위 인물을 죽이려는 목적으로 만든 단체야. 이봉창이 천황에게 폭탄을 던진 것은 대낮, 많은 사람들이 모여 있는 거리였어. 거사는 실패했지만, 설사 성공했다 하더라도 이봉창 자신이 도망칠 가능성은 거의 없었어. 결국 이봉창은 이 거사를 위해 자신의 목숨을 기꺼이 버린 거야. 정말로 이봉창은 우리가 존경할 만한 독립투사인 것이지.

이런 이봉창은 보통 사람과는 아주 다른 특별한 사람이겠지. 그런데 이봉창이 원래는 일본을 부러워하고, 자신도 일본 청년과 같은 사람이 되고 싶어 했다면 어떤 생각이 드니? 그럴 리가 있겠냐고? 정말로 이봉창은 원래 그런 사람이었어. 이봉창은 가정이 어려워 10대부터 경성(지금의 서울) 여기저기에서 일을 하면서 돈을 벌었어. 이때 이봉창은 직장에서 일본인에게 차별을 당했어. 그런데도 분노하기보다는 자신도 일본인과 같이 되어야겠다고 결심했다고 해. 생활이 어려웠던 이봉창은 그렇게 되는 것이 자신이 잘사는 길이고, 또 일본과 같은 사회가 되어야 한국이 발전할 수 있다고 여긴 거야.

이봉창의 한인애국단 입단
이봉창이 한인애국단 입단을 기념하여 찍은 사진이야. 다만 이 사진은 원래 사진에다 이봉창의 웃는 얼굴과 배경을 합성한 거야.

일본인처럼 되기 위해 이봉창은 일본어를 열심히 배우고 일본으로 건너갔어. 일본인을 양아버지로 삼고 이름도 '기노시타 쇼조'라는 일본 이름으로 바꾸었지. 자신의 처지나 생활을 우선적으로 생각했고, 민족 따위는 염두에 두지 않았던 거지. 그러던 이봉창의 삶이 왜 독립운동에 뛰어들어 목숨까지 바치는 것으로 달라졌을까?

일본에는 적잖은 조선 청년들이 공부를 하거나 일을 하고 있었어. 그런데 일본 사회에서는 이들을 일본인이 아니라 식민지 조선인이라고 차별했어. 1910년 일본은 조선을 강제로 식민지로 만든 다음에는 '일본과 조선은 하나'라고 강조했지만, 실제로 조선인을 일본인처럼 대하기는커녕 자기 나라 사람들 아래의 하층 사람들이라고 생각한 거지. 심지어 조선인은 위험한 사람들이라는 생각까지 했어. 이봉창도 일본 천황의 행렬을 구경하려고 갔다가 한글로 된 편지를 가지고 있다는 이유만으로 경찰에 끌려간 적도 있어. 이런 일을 계속 겪으면서 이봉창은 점차 자신이 조선인이라는 것을 확실히 느끼게 되었어. 그리고 조선이 독립하지 않는 한 자신의 삶이나 사회적 위치도 일본인과 동등해질 수 없다는 것을 깨달은 거지.

## 역사의 주인공은 평범한 사람

어떠니? 이봉창이 처음부터 우리와 크게 달랐던 사람은 아니지? 그러다가 어떤 일을 계기로 독립의 필요성을 절감하게 되어 독립운동에 목숨을 바치기로 결심했고, 이때부터 특별한 사람이 되었다고 할 수 있겠지. 우리가 접하는 역사에는 인물이 많이 등장한단다. 대부분 당시 사회에서 두드러진 활동을 하거나 역사에 큰 업적을 남긴 사람들이지. 그래서 우리는 이들을 원래부터 특별한 사람이라고 생각하는 경향이 있어. 그런데 이들 중에는 이봉창처럼 처음에는 평범한 사람들이 많아. 우리처럼 고민하거나 갈등하고, 이익인지 손해인지 따져서 행동하기도 하고. 그러다가 어떤 계기로 삶이 달라지고 역사에 이름을 남길 만한 일을 하게 된 거야.

그렇다면 너희도 어떤 계기가 주어진다면 역사의 주인공이 될 수 있지 않을까? 그리고 사회의 많은 사람들도 그렇게 될 수 있을 거고. 역사는 특별한 사람들만이 아니라 일반 민중의 이야기지. 그래서 민중을 역사의 주인공이라고 하고, 이들의 생각과 행동이 역사를 만들어 간다고 말하는 거란다. 그런데 우리는 아주 특별하고 위대한 사람들이 역사를 만들어 가고 역사의 주인공이라고 생각했던 것은 아닐까? 물론 어떤 계기가 있었다고 해서 모든 사람이 이봉창처럼 행동하는 것은 아니야. 어떤 문제에 부딪혔을 때 꼼꼼히 상황을 판단하고, 진지하게 고민하고, 자신의 생각을 사회에 실천하려는 사람만이 그렇게 행동할 수 있을 거야. 그렇게 보면 이봉창은 특별한 사람이라고 할 수도 있지. 그렇지만 그런 특별함은 태어날 때부터 타고난 것은 아니었어. 자신의 의지로 생겨나는 거야. 역사를 공부하는 것은 그런 의지를 탐구하는 것이라고 할 수 있어.

# 4

# 양반과 노비의 이중 관계

## 신분에 따른 사회적 지위

옛날에는 사람들 사이에 신분의 차이가 있었다는 것을 알지? 조선 시대에는 양반, 중인, 상민, 노비가 있었어. 양반은 문반과 무반 관리이고, 중인은 의술이나 법률의 해석, 외교에서 통역을 담당하는 전문직 관리야. 상민은 대부분 농사를 짓는 농민이고, 일부 상인이나 수공업자가 포함되지. 노비는 가장 낮은 신분으로 관청이나 양반집에 속해서, 허드렛일을 하거나 농사를 지었어. 그래서 조선의 신분제라고 하면 가장 높은 신분인 양반과 낮은 신분인 노비의 모습이 대비되지 않니?

'양반' 하면 어떤 생활 모습이 떠오르니? 방이나 마루에 앉아서 글을 읽고, 과거에 합격해서 벼슬살이를 하지. 일상생활에서는 좋은 옷을 입고, 좋은 음식을 먹고, 귀찮은 일은 노비를 시키면서 편안하게 살아가는 모습이지. 노비는 정반대야. 주인이나 관청의 말에는 무조건 복종해야 하고, 주인뿐 아니라 다른 양반들에게도 굽신거려야 하지. 평생 주인 뒷바라지를 하면서 살아가지만 툭하면 주인에게 매질을 당해도 제대로 항의조차 할 수 없는 사람, 노비라는 말을 들으면 그런 모습이 떠오르지 않니?

## 양반 주인은 노비를 어떻게 대했을까?

그렇다면 실제로 일상생활에서 양반과 노비는 어떤 관계였을까? 물론 노비는 사회에서 가장 낮은 신분인 데다가 재산처럼 취급당했으므로, 노비의 생활은 양반 주인에 의해 달라지는 경우가 많았어. 자신의 뜻과는 상관없이 모시는 주인이 바뀌거나 살아가는 곳이 달라졌어. 심지어 결혼도 주인의 필요에 의해 정해지는 경우도 있었어. 양반은 그들을 굉장히 엄격히 대했단다. 노비와는 웃으면서 이야기하지 않았고, 노비가 잘못을 하면 그들에게 심한 매질을 하는 경우가 흔했어. 노비가 도망하면 양반들은 이들을 찾아내서 붙잡아 오는 데 온 힘을 기울였으며, 다른 양반이나 고을 수령도 이에 적극 협력하기도 했어.

그렇지만 조선 시대 많은 노비는 주인에게 의무적으로 해야 할 일을 다하기만 하면 비교적 자유롭게 자신이나 집안의 일을 할 수가 있었어. 특히 주인과 떨어져 사는 노비의 경우는 더욱 자유로웠단다. 양반들이 오랫동안 같이 생활하던 노비를 믿고 집안의 중요한 일을 맡기는 경우도 많았어. 노비가 양반 주인을 대신해서 소작료를

조선 시대 화가 김득신의 그림. 길을 가다 만난 양반에게 상민이 깍듯이 절하고 있어.

받거나 물건을 사고파는 등 주인집 재산을 관리하는 경우도 종종 있었어. 노비가 큰 잘못을 해도 양반 주인들이 슬쩍 눈감아 주거나 약하게 처벌하는 경우도 있었단다.

앞에서 오희문이 쓴 『쇄미록』이라는 일기 이야기를 했지? 그 책에는 이런 이야기가 들어 있단다. 오희문에게는 한복이라는 노비가 있었어. 한복은 오희문의 농사일을 맡아서 했나 봐. 어느 날 한복이 오희문의 밭에 씨를 뿌렸는데, 하나도 싹이 트지 않았던 거야. 오희문이 생각하기에는 뿌린 씨앗이 제대로 된 것이 아니었어. 이전에도 그런 경우가 여러 번 있었거든. 한복이 제대로 된 씨앗은 자기 밭에 뿌리고, 그렇지 않은 것을 오희문의 밭에 뿌렸다고 생각한 거지. 오희문이 한복을 어떻게 했을 것 같니? 분노해서 붙잡아다가 매질을 했을 거 같다고? 『쇄미록』에는 그랬다는 내용은 나오지 않아. 오희문은 그 사실을 알면서도 눈감아 주었던 것 같아. 물론 오희문이 언제나 노비들에게 너그러웠던 것은 아니야. 사소한 일에도 매를 때렸다는 기록도 종종 나오거든. 그런데도 오히려 심각해 보이는 이 경우에는 그냥 넘어간 거지.

## 삶을 함께 하는 양반과 노비

양반들이 자기 집 노비를 이렇게 대한 것은 무슨 이유 때문일까? 양반들이 쓴 글을 보면 자기 집안 노비의 생활에 신경을 쓰는 일이 적지 않아. 노비들도 부모의 제사를 지내고 아내나 남편이 사망하면 정해진 절차에 따라 장례를 치렀어. 이때 주인은 제사를 지내거나 장례를 치르도록 도와주었어. 노비가 병이 들면 의원을 불러 진료를 받게 하고 직접 약을 지어 먹이기도 했어. 노비가 죽으면 크게 슬퍼하기도 하고, 남은 노비의 가족을 돌보아 주기도 했어. 권세가 있는 집안의 노비가 주인을 믿고 다른 집안의 노비나 심지어 평민에게까지 큰소리를 치거나 횡포를 부리는 일도 드물지 않았단다. 이 경우 주인들은 자기 집안의 노비에게 그러지 않도록 단속을 하였지만, 만약 이 때문에 분쟁이 생기거나 자기 집 노비가 어려움을 겪으면 적극 보호하였어.

어떠니? 신분 제도 아래에서도 양반이 노비를 대하는 방식이 반드시 똑같은 것은

노비 반석평은 어려서부터 똑똑해서 그의 주인이 글을 가르쳤고, 나중에 관직에 올라 몰락한 주인 집 아들을 만나자 말에서 내려 절을 했다는 이야기가 전해져.

아니지? 양반 주인이 자기 집 노비를 챙기는 이유가 반드시 효과적으로 통제하고 일을 잘 시키기 위한 목적 때문이었을까? 일생동안 알고 지내면서 온갖 일을 거들어 주는 노비에게 애처로움이나 동정심, 나아가서는 친근감을 느끼게 되지는 않을까? 아주 드문 일이기는 하지만, 뛰어난 능력을 가지고 있음을 알아차린 주인이 노비에서 풀어 주어 높은 관직에 오른 인물도 있어. 조선 전기 중종 때 재상 집안의 노비 반석평이라는 사람이 있었어. 반석평의 재능을 아깝게 여긴 주인이 그를 노비 신분에서 풀어 주었고, 반석평은 과거 시험에 합격해서 관리가 되었다고 해. 반석평은 능력을 인정받아 벼슬이 한성부 판윤(지금의 서울특별시장)과 형조 판서(지금의 법무부 장관)까지 올랐어.

초등학교 사회 교과서에는 조선 시대 양반과 평민, 노비 들의 생활 모습이 서술되어 있어. 교과서에 쓰여 있는 것은 신분 제도에 따른 사람들의 생활이야. 그렇지만 실제 사람들의 생활이나 사람들 간의 관계는 교과서와 똑같지는 않아. 그것은 사람이 생각을 하기 때문이야. 신분 제도에서 신분별로 권리나 의무가 규정되어 있다고 하더라도, 어떤 상황에 부딪히면 사람들은 그 상황에 대한 판단과 대처 방안을 생각하고 행동하게 마련이야. 그에 따라 사람들은 행동에서 차이를 보이고, 그 결과도 달라지지. 우리가 역사를 공부할 때는 신분이나 관직과 같은 제도 외에도, 실제 사회에서 어떻게 살아가고 어떤 생각을 했는지 관심을 쏟아야 하겠지.

◆ 우리 함께 생각해 보아요 ◆

# 왜 우리는 역사를 하나로 기억할까요?

하나의 역사적 사건이라고 하더라도, 이를 경험한 사람들에 따라 달리 생각할 수 있고, 또 그런 사람들의 생각은 바뀔 수도 있음을 보았지? 그리고 역사 속에서 사람들 간의 관계는 제도만으로 결정되는 것이 아니라 일상생활 속에서 달라질 수 있음을 알았을 거야. 그런데 우리는 왜 어떤 역사적 사건이나 인물의 이름을 들으면 하나의 모습만 떠올리는 것일까? 한 가지 예를 들어 생각해 보기로 할까?

고려와 거란은 몇 차례 전쟁을 했을까? 세 차례라고? 맞아. 고려와 거란은 세 차례에 걸쳐 전쟁을 했어. 1차 침공 때는 서희의 외교 담판으로 거란 스스로 물러나게 했어. 2차 침공 때는 한때 고려 수도인 개경까지 거란군이 점령했지만, 고려가 끝까지 굴복하지 않자 후퇴하던 거란군을 고려의 장군 양규가 공격하여 큰 피해를 입혔어. 3차 침공 때는 유명한 강감찬 장군이 거란군을 무찔렀지. 이것이 우리가 알고 있는 고려와 거란의 전쟁이야. 그런데 고려와 거란 간의 이런 전쟁 내용을 어떻게 해서 알게 되었니? 학교에서 배웠고 교과서에도 쓰여 있다고? 맞아. 너희가 배우는 교과서에는 그런 내용이 있어. 아마 교과서 말고 다른 역사책에서 좀 더 자세히 읽은 친구도 있고, 특히 역사를 좋아하는 사람들은 인터넷 블로그나 유튜브의 영상을 보기도 했을 거야.

그렇다면 거란은 고려를 세 번 침공했고, 그래서 전쟁도 세 번만 있었을까? 그렇지 않았어. 우리가 알고 있는 세 차례 전쟁 외에도 거란이 고려를 침공해서 전투가 벌어진 적은 여러 번 있었어. 특히 2차와 3차 전쟁 사이에는 거의 매년 거란이 고려를 공격했어. 그런데 이를 빼고 중요한 전쟁을 세 개 선택해서 거란의 1차, 2차, 3차 침공이라고 정리한 거야. 누가 한 것일까? 옛날 기록에 그렇게 구분되어 있을까? 그런 경우도 있을 수 있지만, 고려와 거란의 전쟁이 그렇게 구분되어 있지는 않아. 고려와 거란 간의 전쟁을 연구하는 역사가가 중요한 세 차례의 전쟁을 뽑아서 정리한 것이지. 그렇게 정리한 사실이 교과서나 역사책에 실리고, 박물관 전시에 반영되니까, 우리 모두가 그렇게 알고 있는 거지. 그러니까 우리는 대표적인 역사 연구 결과를 그냥 단 하나의 역사 사실로 알고 있는 거야.

그렇다면 우리가 역사를 하나로 기억하는 것은 오직 역사가의 연구 결과 때문일까? 그것 때문만은 아니야. 우리는 고려와 거란 간의 전쟁을 주로 고려 다음 나라인 조선에서 만들어진 『고려사』와 『고려사절요』라는 역사책의 기록을 통해 알고 있어. 그런데 이 책들은 고려와 거란 간의 전쟁을 1차, 2차, 3차로 구분하지는 않았지만, 세 차례의 전쟁을 중점적으로 서술하였어. 그러니까 우리가 고려와 거란 간의 전쟁을 현재처럼 알게 된 것은 역사 기록과 역사가의 연구 결과에 따른 거지.

우리가 기록을 열심히 찾아보면 1~3차 침공 외에 다른 전쟁들도 있다는 것을 그리 어렵지 않게 알 수 있어. 그런데도 우리가 그렇게 하지 않는 것은, 고려와 거란 간의 침공 사실을 지금처럼 알고 싶어 하기 때문이 아닐까? 전투 과정을 중심으로 전쟁을 알아야 하고, 승리한 사실을 자세히 공부하고 싶어 하는 마음은 역사를 기록하는 사람도, 연구하는 역사학자도, 그리고 공부하는 우리들 모두 마찬가지일지 몰라. 전쟁 이외의 다른 역사적 사실들에 대해서도 이렇게 알았으면 하는 마음이 작용할 수 있겠지. 그 마음을 아는 사람들이 교과서와 역사책에 그렇게 쓰고, 박물관을 그런 이야기로 꾸미고. 어떤 사람들은 역사를 가리켜 '집단 기억'이라고 해. 좀 어려운 말이지? 사람들이 다 같이 기억하고 있는 것이 역사적 사실이란 의미야.

그런데 이렇게만 공부할 경우 역사는 지난날 일어났던 일이니까 이미 정해진 것이라고 생각하게 될 거야. 그래서 역사 공부를 외우는 것이라고 생각하고, 다른 눈으로 역사를 보기도 어려워. 그러니까 우리는 상상력을 발휘해 글에 드러나지 않은 이들의 마음을 살펴보는 방법도 생각하는 게 좋겠지?

◆ 해 보아요 ◆

## 여러 사람의 눈으로
## 역사를 이야기해 보아요

임진왜란 때 일어났던 일을 한 가지 소개할게. 1592년 4월 13일 부산에 상륙한 일본군은 조선군을 간단히 격파하고 무서운 속도로 북으로 진격했어. 일본군이 한양을 향해 다가오자 조선 조정에서는 회의가 열렸어. 일부 신하들은 한양을 지키기 위해 끝까지 싸우자고 했지만, 조정에서는 결국 북으로 피란을 하기로 결정했어. 그래서 국왕인 선조와 신하들은 4월 30일 새벽에 몰래 궁궐을 빠져나왔어. 그날은 하루 종일 비가 내렸어. 왕도 비를 맞을 수밖에 없었지. 지금의 경기도 고양시에 있었던 벽제역에 이르렀을 때 점검해 보니까 신하들 중 일부는 일행과 떨어져 따라오지 않는 사람들도 있었어. 일부 관리들은 따라오다가 오히려 한양으로 되돌아가기도 했어. 심지어 이렇게 돌아간 사람 중에는 왕을 모시는 시종과 조정의 주요 관리 들까지 있었어. 선조의 피란 행렬을 본 사람들은 "나라가 우리를 버리니 누구를 믿고 살라는 말입니까?"라고 통곡을 했다고 해. 국왕의 행렬은 임진강가에 이르러서는 일본군이 뗏목을 만들어 건널

까 봐 강을 관리하는 건물을 불태워 버렸다고 해. 행렬은 저녁 7~9시에 동파역이라는 곳에 도착했어. 현재는 경기도 파주시의 휴전선에 가까운 마을이야. 이곳에서 지금 이야기하려는 사건이 일어났어.

  왕의 피란 책임을 맡은 조선 조정의 신하들은 비를 맞으며 제대로 먹지도 못하고 하루 종일 피란을 한 왕을 챙기기 위해 파주 목사 허진과 장단 부사 구효연을 접대 책임자로 임명해서 간단한 음식을 준비하였어. 그런데 하루 종일 굶은 호위병들이 부엌으로 뛰어들어 이 음식을 먹어 버렸어. 왕에게 드릴 음식이 없어지니까 책임자인 허진과 구효연은 책임을 지게 될까 봐 두려워서 도망쳐 버렸어. 이 사건을 그 자리에서 보거나 전해 들은 사람들은 어떤 생각을 했을까? 이 이야기는 임진왜란 당시 가장 높은 벼슬인 영의정을 지냈던 유성룡이 전쟁이 끝나고 쓴 책인 『징비록』에 나와. 왕에게 드릴 음식을 먹어 버린 병사들이나 그렇다고 자신의 책임을 추궁당할까 봐 도망해 버린 관리들은 무슨 마음으로 이런 행동을 했을까? 이 일을 알게 된 선조는 어떤 생각을 했을까? 그리고 유성룡은 왜 이를 기록했을까? 다음 사람 중 한 명을 선택해서, 그들이 이 사건을 어떻게 생각했을지 이야기해 보도록 하자.

❶ **새벽에 몰래 궁궐을 빠져나와 하루 종일 비를 맞고 굶으면서 피란을 한 선조**

❷ **국왕인 선조를 모신 피란 행렬의 총책임을 맡았던 유성룡**

❸ **임금과 조정 대신들의 피란 행렬을 지켜보면서 통곡을 한 농민들**

❹ **피란 행렬을 따라오다가 한양으로 돌아가 버린 관리들**

❺ **배가 고파서 임금에게 바칠 음식을 먹어 버린 호위 병사들**

❻ **준비한 음식을 병사들이 먹자, 책임 추궁을 당할까 봐 두려워서 도망한 허진과 구효연**

이 중 한 사람을 선택해서 그 입장에서 글을 쓰면 돼. 글의 분량은 10~20줄 정도로 하되, 너희가 왜 그 사람을 선택했는지, 그리고 그 사람이 너희가 쓴 것과 같이 생각했을 것이라고 추측하는 이유가 무엇인지도 함께 쓰도록 해. 한 사람의 입장으로 글을 쓰되, 다른 사람들의 입장도 생각해 보면 더 좋을 거야.

● 글의 형식

| ( )의 생각 ||
|---|---|
| 내가 ( )를 선택한 이유 | |
| ( )가 했을 것 같은 생각 | |
| 이렇게 생각했을 것이라고 추측한 이유 | |

5장

# 유적과 유물을 어떻게 보존해야 할까?

2007년 2월의 어느 날, 30대 남성 한 명이 서울 송파구 석촌 호수 근처에 세워진 삼전도비 몸체에 붉은 색 스프레이로 다음과 같은 글자를 써 놓았어.

'철거 병자 370'

그는 왜 삼전도비에 이런 글자를 썼을까? 삼전도비는 조선 시대 일어난 병자호란 당시 청 태종이 조선 인조의 항복을 받은 것을 기념하여 세운 비석이야. 그래서 정식 명칭은 '대청황제공덕비'란다. 인조가 청 태종에게 항복을 한 것은 1637년이니까, 2007년이면 그로부터 370년이 지난 거지. 삼전도비는 사적으로 지정되어 문화유산으로 보존되고 있어.

우리가 흔히 만나는 문화재는 우리나라의 자랑스러운 역사나 문화를 말해 주고 있어. 그런데 삼전도비는 반대로 우리 역사의 부끄러운 면을 보여 주고 있지? 이러한 문화유산은 없애는 편이 나을까? 아니면 곁에 두고 보면서 반성의 기회로 삼는 것이 좋을까? 우리가 유적과 유물을 보존해야 하는 이유는 무엇일까? 지금부터 유적과 유물 여행을 떠나면서 이 문제에 대해 생각해 보도록 하자꾸나.

# 1

# 박물관에
# 복제품이 나타났다

## 복제품 박물관

오랜 기간 계속 방영되고 있는 텔레비전 프로그램으로 〈TV쇼 진품명품〉이 있어. 이 프로그램에서는 문화재 감정 전문가들이 보존할 만한 가치가 있는 옛 물품의 유래, 담긴 뜻을 풀어내고 그 물품의 금전적 가치가 어느 정도 되는지 제시해 준단다. 그런데 가끔 이 프로그램에 복제품이 등장하기도 해. 가지고 있는 사람이 복제품인지 모르고 있었던 거지. 그러면 감정 전문가들은 복제품이라고 해서 아예 가격을 추정하지 않는단다. 그런데 엄밀히 말하면 이 물품들은 '복제품'보다는 '모조품'이나 '위조품'이라고 해야 할 것 같아. 진짜인 것처럼 속이려고 만든 거니까. 이와 달리 복제품은 나름의 가치를 가지고 있어. 도자기를 전문적으로 파는 곳에 가면 고려청자나 조선백자를 본떠 만든 복제품이 수백만 원 나가는 것들도 적지 않아.

　에스파냐의 수도 마드리드에 가면 복제품 박물관이 있단다. 이 박물관은 엄연히 국가가 운영하는 국립 박물관으로, 1877년에 문을 열었으니까 이미 150년이나 되었어. 이 박물관에서는 옛 이집트, 그리스와 로마, 그리고 중세 유럽 왕가의 유명한 유물을 복제해서 전시하고 있어. 전시된 작품들은 가능한 세밀하게 재현함으로써 진품에 가깝게 만든다고 해. 일반인들이 진품과 복제품을 나란히 놓고 보면 구분하기 힘들 정도야. 처음 이 박물관을 만든 이유는 시민들에게 소중한 작품을 폭넓게 감상할 수 있는 기회를 주기 위해서라고 해. 그런데 지금은 여행객이나 관광객을 모으는 좋은 자산으로도 이용된단다. 그렇지만 이런 복제품 전시를 전문으로 하는 국립 박물관을 운영하고 있는 나라는 에스파냐 외에는 찾아보기 힘들어. 물론 우리나라에도 없고. 그렇다면 국가가 이런 복제품 박물관을 운영하는 것은 괜찮을까?

## 진품을 보내야 할까, 복제품을 보내야 할까?

2013년 미국 뉴욕에 있는 메트로폴리탄 박물관에서는 〈황금의 나라, 신라〉라는 아주 특별한 전시회를 준비하고 있었어. 이 전시를 위해 메트로폴리탄 박물관은 우리나라 국보인 금동미륵보살반가사유상을 빌려 달라고 부탁을 했지. 금동미륵보살반가사유상은 정교하고 균형 잡힌 아름다운 모습뿐 아니라 자연스러우면서 잔잔한 얼굴의 미소, 완벽한 기술 등으로 우리나라 불상 중에서도 가장 뛰어난 작품으로 손꼽

히는 귀중한 문화재야. 하지만 문화유산을 관리하는 문화재청에서는 빌려주는 것을 반대하고 나섰어. 반대한 이유는 뭐였을까? 어느 정도 예상이 되지? 맞아. 문화유산은 한번 훼손되면 다시 되돌릴 수 없잖아. 혹시 유물을 옮기는 과정 중에 손상을 입거나 도난당할까 봐 걱정했던 거지. 그래서 유물을 꼭 보내야 한다면 복제품을 만들어서 보내자는 의견이 제시되었어. 하지만 반대의 목소리도 컸단다. 해외 전시에 복제품을 내놓는 것은 전시회를 찾아온 사람들의 눈을 속이는 것이고 더

국보 금동미륵보살반가사유상

나아가 나라 망신이라는 거지. 그리고 국외 전시는 서로의 유물을 교환하는 방식인데 우리가 복제품을 빌려주면 상대방도 진품이 아닌 복제품을 빌려준다는 거야. 더욱이 이 전시를 기획한 메트로폴리탄 박물관은 세계적으로 유명한 박물관으로, 복제품 전시를 전면 금지한다는 원칙을 가지고 있었어. 팽팽한 의견 대립 속에서 금동미륵보살반가사유상은 미국 뉴욕으로 건너가 특별전에 전시가 되었을까? 처음에는 복제품을 보내자는 의견이 우세했지만, 결국 유물의 안전을 최우선으로 한다는 조건을 걸고 허가를 해 주었단다. 이 일을 계기로 우리나라는 보존 가치가 높고 한번 훼

손되면 회복이 불가능한 국가 중요 문화유산의 경우에는 국가가 직접 복제품을 제작·관리하겠다는 계획을 발표했어.

## 복제품을 통해 진품의 가치를 느낄 수 있다!

여기는 국립중앙박물관 1층에 있는 백제관이야. 여기에는 사진에서 볼 수 있는 '백제 금동대향로'가 전시되어 있어. 교과서에도 나오는 가장 대표적인 백제의 문화유산이지. 높이 62.5센티미터, 가장 넓은 폭이 19센티미터로 그리 크지 않은 유물인데도, 신선이 노니는 49개 봉우리를 가진 산에 용과 봉황을 비롯한 37마리의 상상의 동물, 음악을 연주하는 악사를 비롯한 17명의 신선, 연꽃과 물고기 등이 정교하게 새겨져 있어. 앞발을 치켜든 용 한 마리가 막 피어난 듯한 연꽃 봉우리를 물고 있는 모습과 정교하게 표현된 인물과 동식물을 보고 있으면 감탄사가 절로 나오지.

그런데 충남 부여에 있는 국립부여박물관에도 백제 금동대향로가 전시되어 있어. 사진에 있는 유물이야. 똑같이 생겼지? 백제가 이 귀한 유물을 똑같이 두 개 만들었냐고? 아니야. 국립부여박물관에 있는 것이 진품이고, 국립중앙박물관에 있는 것은 이를 똑같이 만든 복제품이야. 국립중앙박물관은 국립 박물관 중에서도 뛰어난 유물을 가장 많이 가지고 있는 한국 최대 규모의 박물관이야. 그리고 국립중앙박물관은 진품 전시를 원칙으로 하고 있단다. 그러나 문화적·예술적으로 가치가 매우 높다고 여겨지는 유물의 경우에는 교육적인 목적으로 유물을 복제해서 전시하고 있

국립중앙박물관의 백제 금동대향로(왼쪽)와 국립부여박물관의 백제 금동대향로(오른쪽)

어. 국립중앙박물관은 우리나라 모든 박물관 중 가장 많은 사람들이 관람하는 곳이란다. 그러므로 박물관을 찾는 사람들이 백제 금동대향로의 아름답고 정교한 모습을 보고 이해할 수 있었으면 하는 뜻에서 복제품을 전시하고 있어. 여기에 덧붙여 우리의 문화유산이지만 강대국에 약탈당해 해외에 있는 경우나 고구려 고분 벽화처럼 원본 전시가 힘들어 진품을 만나기가 어려운 경우에도 복제품을 통해 우리는 해당 문화유산을 만나게 되지. 또한 유물의 훼손 상태가 너무 심해 그대로 전시하기 힘든 경우에도 실물에 가까운 복제품을 만들어 전시를 한단다. 그 대신 전시할 때는 이 유물이 진품이 아니라 복제품이라는 것을 표시해서 알려 주고 있어.

국립중앙박물관에 전시할 만한 복제품을 만드는 사람은 뛰어난 기술을 가지고 있는 장인이며, 자기 나름의 마음을 담아서 정성껏 제작했을 거야. 그래서 요즘은 문화재 복제품을 만드는 일을 기술을 넘어 또 하나의 예술로 보아야 한다는 견해도 있어. 그런데도 많은 사람들이 백제 금동대향로를 보러 국립부여박물관을 찾아가고 있단다. 그중에는 국립중앙박물관에서 이미 복제품을 본 사람들도 많을 거야. 이미 국립중앙박물관의 복제품을 보고 설명도 잘 읽었는데 왜 구태여 진품을 보러 부여까지 가는 걸까? 우리는 문화재를 반드시 진품을 통해 이해해야 하는 것일까? 이에 대한 생각은 사람마다 차이가 있어. 일반 사람들뿐 아니라 전문가들 사이에서도 그런 것 같아.


## 박물관을 찾는 이유

우리가 박물관에 가는 것이 단지 유물의 겉모습을 보기 위한 것은 아니야. 이런 이유라면 굳이 박물관에 가기보다는 사진으로 봐도 되지 않을까? 너희가 박물관에 가서 교과서나 다른 책에 나오는 유물을 직접 보게 된다면, 유물을 마주하고 잠시 생각에 잠겨 보렴. 혹시 유물을 만들고 사용했던 사람들의 삶이 떠오르고 숨결이 느껴지지 않을까? 유물 앞에 서서 유물과 직접 눈 맞춤을 했을 때 우리는 잠시나마 타임머신을 타고 과거로 떠나 볼 수 있을 거란다.

독일의 철학자이자 문학 평론가인 발터 베냐민이라는 사람은 이런 이야기를 했어. "진품과 복제품에는 시간과 공간의 차이가 존재한다." 진품에는 그 작품을 만들었던 시간과 공간에 대한 기억, 느낌이 들어 있다는 뜻이야. 진품을 만드는 과정을 하나하나 따라가며 그 모양과 재질을 완벽하게 재현한다 하더라도, 진품을 만든 사람들의 마음까지 담을 수는 없을 거야. 물론 잘 만든 복제품에는 이를 만든 장인의 마음이 담겨 있지. 다만 진품을 만든 옛사람의 마음이 아니라, 복제품을 만든 현대인의 마음일 거야. 그렇기에 박물관에 복제품을 만들어 전시할 때는 많은 고민이 필요하며 논의들이 오가게 된단다. 설사 복제품 제작이 교육을 위한 것이라고 해도 말이야.

　아, 그리고 뉴욕 메트로폴리탄 박물관에 빌려 주었던 금동미륵보살반가사유상은

5장　유적과 유물을 어떻게 보존해야 할까?

안전하게 돌아왔는지 궁금하지? 안전하게 돌아와서 국립중앙박물관 2층 전시실에 전시되어 있단다. 이번 기회에 직접 찾아 가서 눈으로 확인하고 유물과 마주 보며 함께 이야기 나눠 봐도 좋겠어. "미국 뉴욕까지의 여행은 어땠어?", "먼 길을 다녀오는 사이에 어디 다친 곳은 없니?"라고 물으면서 말이야.

# 고향으로 돌아가게 된 불탑

## 원주 법천사지 지광국사탑의 파란만장한 삶

이번에는 아름다운 외모 때문에 원래 고향을 떠나 힘든 삶을 살았던 문화유산을 만나려고 해. 바로 원주 법천사지 지광국사탑이야. 이 탑은 고려 전기의 유명한 승려인 지광국사의 사리를 품고 있는 탑이란다. 다른 스님들을 모신 탑의 바닥 모양은 동그랗거나 팔각형이지만, 지광국사탑은 부처님의 사리를 품고 있는 탑처럼 바닥이 사각형이야. 그리고 탑에는 화려하고 아름다운 장식들이 새겨져 있단다. 그래서 사람들은 이 탑을 우리나라에 있는 스님들의 탑 중에서 최고 작품 중 하나라고 말해. 하지만 탑이 너무 아름다워서 신이 질투한 걸까? 지광국사탑이 지금까지 살아온 길은 파란만장 그 자체란다. 우리 역사상 이보다 더 처절한 수난을 당한 문화유산은 없었어.

지광국사탑은 지금까지 어떤 삶을 살아왔던 걸까?

　우리나라가 일제의 식민 통치를 받던 1911년, 한 일본인 골동품 상인이 우연히 지광국사탑을 보게 돼. 이 탑의 가치를 눈여겨본 그는 땅 주인에게 싼값에 사서 서울로 옮겼지. 땅 주인이야 탑의 가치를 잘 몰랐던 거지. 그는 이 탑을 서울에 살던 한 일본인에게 팔았고 이후 탑은 또 다시 오사카에 사는 일본 귀족에게 팔렸어. 이처럼 문화재를 사고파는 행위는 당시 일본법으로도 불법이었어. 식민 통치의 일환으로 조선의 문화재를 직접 관리하려고 조사하던 조선 총독부는 이 사실을 뒤늦게 알고 불법으로 거래되어 일본에 가 있는 지광국사탑을 한국으로 되돌려 놓으라고 명령했어. 아마도 조선을 영원히 식민지로 삼을 거라는 판단 아래 조선의 문화유산을 굳이 일본 땅에 둘 필요가 없다고 생각했던 것 같아. 일본 귀족에게 탑을 팔았던 일본인은 어쩔 수 없이 탑을 도로 사서 조선 총독부에 반환하게 돼. 이렇게 되돌아온 지광국사탑은 경복궁 뜰 안에 자리 잡았어. 조선 총독부가 경복궁 안에서 자신들의 통치를 선전하기 위한 박람회를 열었는데, 전시장을 꾸미는 장식품으로 이 아름다운 탑을 이용했던 거지. 이후 지광국사탑은 경복궁 안에서도 조선 총독부의 필요에 따라 이곳저곳으로 옮겨졌어.

　하지만 지광국사탑의 슬픈 이야기는 여기에서 그치지 않아. 한국 전쟁 때 포탄 피해로 윗부분이 떨어져 나가 수많은 조각으로 부서졌어. 전쟁을 겪으면서 아름다운 모습은 온데간데없이 사라져 버리고 흉물스러운 모습으로 변한 채 경복궁 뒤뜰에 놓여 있던 지광국사탑은 1957년 수리를 받게 된단다. 하지만 당시 우리나라는 문화재를 복원하는 기술이 부족했어. 탑의 원래 모습을 되찾아 줄 자료도 찾기 힘들었고 말이야. 수리 결과 겉모양은 갖추었지만, 탑 안 여러 곳에 철심을 박고 콘크리트로 메꾸었지. 사실상 임시로 겉만 번드르르하게 만들어 놓은 거야. 제대로 수리를 하지 않은 채 시간이 오래 지나자, 탑에 박힌 철심은 녹슬어 더 이상 돌로 된 탑의 모양을 지탱해 주기 어려웠어. 결국 탑은 여기저기 금이 가기 시작했고 발라 둔 콘크리트도 떨어져 나갔지. 임시 수리를 한 지 약 50년 후인 2016년에 지광국사탑을 원래 상태로 되돌리기 위한 큰 수술이 시작되었단다. 이번에는 탑 전체를 해체하며 몸 안에 있는 철심을 빼내고 콘크리트 대신 원래의 돌과 같은 재료로 바꾸는 등 본격적인 복원 작업을 한 거야. 이 복원 작업은 2021년 초에 마무리되었단다.

서울로 처음 옮겨진 지광국사탑(왼쪽), 한국 전쟁 때 포탄을 맞아 부서진 지광국사탑(가운데), 최근 복원된 지광국사탑(오른쪽)

## 지광국사 탑은 어디에 두어야 할까?

그런데 지광국사탑의 본격적 복원 작업이 시작되면서, 복원이 끝나면 탑을 어디에 두어야 할지를 놓고 논쟁이 벌어졌어. 강원도와 원주시는 복원이 끝나면 지광국사탑을 원래 있었던 원주에 두어야 한다는 운동을 펼쳤어. 문화재는 원래 자리에 있을 때 그 의미를 되새길 수 있고 가치가 살아난다고 주장한 것이지.

그러나 상당수 전문가들이 우려의 목소리를 내기 시작했어. 원래 위치로 탑을 옮길 경우 보존과 관리가 어려우며, 현지에는 그럴 만한 전문가도 부족하다는 거지. 제대로 준비가 안 된 상황에서 탑이 도난당하거나 손상될 수 있다는 걱정의 목소리도 덧붙였어. 그리고 여러 문화유산이 모여 있는 국립중앙박물관이나 사람들이 많이 찾는 경복궁에 두고 많은 사람들이 손쉽게 가서 볼 수 있어야 한다는 의견도 있었어.

원주의 '지광국사탑 본래자리 이전 시민추진위원회' 기자 회견 모습

원주 법천사지 지광국사탑비

지광국사탑을 원주의 문화유산이 아니라 대한민국과 국민 전체의 문화유산으로 바라보아야 한다는 얘기지. 많은 논란 끝에 결국 지광국사탑은 원래 있던 원주로 돌려보내기로 결정이 났어. 너희는 원주 법천사지 지광국사탑이 어디에 있어야 한다고 생각하니? 원래 있었던 고향인 원주로 가야 할까 아니면 국립중앙박물관이나 경복궁에 두어야 할까?

지광국사탑을 어디에 두어야 하는지를 둘러싼 논란은, 문화유산은 원래 있던 곳에 있어야 한다는 '소유'의 시각과 우리나라 전체의 문화유산이라는 생각으로 함께 나누고 보존하는 것이 중요하다는 '공유'의 시각 간의 차이라고 할 수 있어. 문화유산을 바라보는 이런 시각 차이에서 비롯된 논란은 우리나라뿐 아니라 세계 곳곳에서 찾아볼 수 있어. 이런 논란은 국가들 사이에서도 일어난단다. 세계적으로 유명한 사례를 한번 보도록 할까?

# 3

# 엘긴 마블스를 둘러싼
# 영국과 그리스의 갈등

## 서양을 대표하는 건축물 파르테논 신전

그리스의 대표적인 건축물인 파르테논 신전을 본 적이 있니? 파르테논 신전이 있는 그리스 아테네의 아크로폴리스는 세계에서 가장 먼저 유네스코 세계문화유산으로 지정되었어. 그만큼 파르테논 신전은 서양을 대표하는 건축물이라고 할 수 있어.

지금으로부터 2500년 전, 그리스 아테네는 그들의 수호신 아테나 여신을 기리기 위해 도시의 가장 높은 곳인 아크로폴리스에 웅장하고 아름다운 파르테논 신전을 지었단다. 이 신전을 짓기 위해서 그들은 당대 최고의 건축가, 조각가, 철학자 등으로 드림팀을 꾸렸어. 그래서 지붕부터 바닥에 이르기까지 대리석으로 만들어진 최고의 건축물이 되었지. 지금 당장 파르테논 신전을 보려고 그리스로 여행을 떠나고 싶다

파르테논 신전

고? 그런데 그리스에 간다고 해도 파르테논 신전의 모습을 온전히 만나기는 어렵단다. 그 이유가 궁금하다고? 그럼 우리 함께 200년 전 그리스로 한번 떠나 볼까?

## 영국으로 옮겨진 파르테논 신전 대리석 조각

200년 전 당시 그리스는 오스만 제국의 지배를 받고 있었어. 이때 영국인 토머스 엘긴은 대사로 발령을 받아 그리스에 근무하게 되었지. 그는 고대 유물에 관심이 아주 많은 사람이었어. 파르테논 신전을 처음 본 그는 한눈에 반하게 되었어. 그런데 그리스를 지배하는 오스만 제국은 파르테논 신전에 별로 관심을 두지 않았어. 이슬람교를 믿는 오스만 제국인에게 그리스 신화에 나오는 신을 모시는 파르테논 신전이 별로 달갑지 않았겠지. 이 때문에 파르테논 신전이 훼손되어도 방치했어.

이를 기회로 엘긴은 파르테논 신전에 새겨진 조각상을 자신이 소유해야겠다는 생각을 하게 되었어. 그래서 오스만 제국의 허가를 받아서 기둥과 벽면에 붙어 있는 대리석 조각상 중 아름답고 정교한 것들을 골라서 톱으로 일일이 떼어 내어 영국의 자기 집으로 옮겼어. 이렇게 해서 영국으로 옮긴 조각상은 파르테논 신전 전체 조각상의 절반 정도에 해당한단다. 이 조각상들을 흔히 '엘긴 마블스'라고 불러. '마블스'는 대리석이라는 뜻이야.

엘긴이 이처럼 쉽게 파르테논 신전 조각상의 영국 반출을 허가받을 수 있었던 것은 당시 전 세계를 호령하고 있던 영국에서 파견된 대사라는 것도 한몫했지. 그런데 결국 이 일 때문에 엘긴에게도 어려움이 찾아오게 된단다. 엘긴의 행위는 유명한 시인인 바이런을 비롯한 상당수 영국 지식인들에게 맹렬한 비난을 받았어. 더구나 조각상을 일일이 떼어 내서, 그리스에서 먼 영국으로 옮기는 비용도 어마어마했지. 이 때문에 그는 재산을 다 날리고 빚까지 지게 되었단다. 결국 엘긴은 빚을 갚기 위해서 조각품 전부를 영국 정부에 팔게 돼. 그것도 자신이 들인 비용의 절반 가격에 말이야. 이렇게 해서 파르테논 신전의 조각들은 원래 자신이 가지고 있던 이름의 '파르테논' 마블스가 아니라 파르테논 신전을 훼손한 사람의 이름을 붙인 '엘긴' 마블스라는 이름을 달고 영국 박물관에 보관되었단다.

영국 박물관의 엘긴 마블스 조각품

## 엘긴 마블스 반환을 둘러싼 논란

1829년에 그리스는 오스만 제국으로부터 독립하게 돼. 독립 후 그리스는 엘긴 마블스를 돌려 달라고 꾸준히 영국에 요구하고 있어. 그러나 영국의 거부로 엘긴 마블스는 여전히 런던의 영국 박물관에 전시되어 있단다. 영국은 어떤 명분을 내세워 엘긴 마블스를 그리스에 돌려주지 않고 있는 것일까?

영국이 내세운 첫 번째 이유는 엘긴 마블스가 법이 정한 절차를 밟아 영국 박물관까지 오게 되었다는 거야. 엘긴이 신전의 조각품들을 영국으로 옮길 당시 그리스를 통치하던 오스만 제국의 허가 증서가 있었고 영국 정부가 사들일 때도 영국 의회의

투표를 거쳐 구매했다는 거지. 두 번째 이유는, 엘긴 마블스라는 최고의 문화유산을 보호하기 위해서라고 말하고 있어. 엘긴 마블스는 그리스의 과거 역사로부터 남겨진 문화유산은 맞지만 이제는 어느 한 민족의 유산을 넘어 세계 인류 공동의 문화유산이 되었다는 거야. 그러므로 유물 관리에 있어서 최고 기술과 최신 시설을 갖춘 영국 박물관에서 관리를 하며 세계 여러 나라 사람들이 볼 수 있게 하는 것이 세계 인류를 위해서 훨씬 좋다는 주장이야. 더구나 그리스는 심각한 대기 오염으로 대리석 작품이 훼손될 수 있기 때문에 영국에 있는 편이 엘긴 마블스를 위해서도 최선이라는 거지. 어때? 영국의 주장이 타당하다고 생각되니? 그런데 영국 박물관에는 엘긴 마블스 외에도 수많은 다른 나라 문화재가 보관되어 있어. 그래서 엘긴 마블스를 그리스에 돌려주게 되면 다른 나라들도 문화재 반환을 요구하게 될 것을 우려하기 때문에 영국이 더 강하게 거부하고 있다는 추측도 있어.

그럼 이번에는 엘긴 마블스를 돌려 달라는 그리스의 목소리를 들어 보자. 그리스는 엘긴이 신전의 조각품들을 영국으로 가져갈 때 그리스인의 동의를 얻은 것은 아니라는 사실을 문제 삼았어. 당시 파르테논 신전의 조각품을 옮길 때 영국에게 잘 보이고 싶은 오스만 제국의 허락을 받았을 뿐 실제 주인인 그리스인의 동의는 구하지 않았다는 거지. 그러므로 이제는 독립한 그리스에게 돌려주어야 한다는 주장이야. 그리고 파르테논 신전에는 이를 만든 그리스인의 정신이 깃들어 있다는 것을, 엘긴 마블스를 돌려받아야 하는 가장 중요한 이유로 내세웠어. 그러니까 엘긴 마블스는 원래 있었던 그리스 땅으로 돌아와 그리스인들의 마음을 모으는 역할을 해야 한다는 거야. 여기에 덧붙여 영국의 주장과는 달리 그리스의 박물관 시설도 유물을 보관하는 데

그리스 아테네 뉴아크로폴리스 박물관 내부

아무런 문제가 없다고 반박하고 있지. 실제로 현재 파르테논 신전 바로 아래에는 뉴아크로폴리스 박물관이 있어. 그곳에는 파르테논 신전을 비롯한 여러 신전의 유물을 보관하거나 전시하고 있는데 유물 안전에 별다른 문제가 일어난 적은 없거든.

## 문화유산은 누구의 것일까?

엘긴 마블스는 지금처럼 영국 박물관에 소장되어 보존되어야 할까? 아니면 원래 있었던 그리스 아테네로 돌아가야 할까? 너희는 어떻게 생각하니? 엘긴 마블스를 둘러싼 영국과 그리스의 갈등을 보면서 남의 일이 아닌 것처럼 느껴지는구나. 우리나라도 근대 서구 열강의 침탈과 일제의 식민 지배를 겪으면서 수많은 문화유산이 약탈당하거나 싼값에 팔려서 해외로 빠져나갔거든. 강화도에 보관되어 있던 외규장각 의궤처럼 다시 한국 땅을 밟은 문화유산도 있지만, 현재 남아 있는 금속 활자로 찍은 세계에서 가장 오래된 책인『직지심체요절』이나 한국의 옛 그림 중 가장 뛰어나다고 평가받는 안견의 〈몽유도원도〉, 고려 불화 등 많은 문화재는 여전히 우리나라가 아닌 외국에 있어.

엘긴 마블스를 둘러싼 논쟁은 앞서 살펴본 문화유산을 둘러싼 '소유'와 '공유' 문제를 연상시켜. 언뜻 보면 영국의 주장은 '공유', 그리스 주장은 '소유'에 기반을 두는 것이라고 할 수 있지. 단어만 보면 '소유'보다 '공유'가 더 그럴듯해 보여. 하지만 '공유'를 내세우는 영국은 실제로는 '소유'를 주장하고 있지. 문화유산이란 소유권을 주장하는 물건이기 전에 인간의 이야기가 들어 있는 하나의 역사야. 그러기에 문화유산의 진정한 가치가 살아 숨 쉴 수 있는 방안을 함께 찾아보는 것이 필요하고 중요할 거야.

## 4

# 유물과 유적의 이름에 담긴
# 비밀을 찾아서!

### 도자기의 이름은 어떻게 붙일까

한결, 예린, 태연, 하준, 민아…. 우리 모두는 각자의 이름을 가지고 살아가고 있어. 그 이름은 계속해서 누군가에 의해 불리게 되지. 그래서 이름을 지을 때는 소중한 의미를 담으려고 고민한단다. 많은 이름은 앞으로 아이가 그런 사람으로 자랐으면 하는 마음을 담고 있기도 하지. 그렇다면 유물과 유적의 이름은 어떻게 지을까? 유물과 유적의 이름에 담긴 뜻을 밝히기 위해 먼저 박물관으로 여행을 떠나 볼까?

여기는 우리나라의 대표적인 유물들이 전시되어 있는 국립중앙박물관, 2층 도자기 전시실이야. 여기에서 만날 수 있는 두 가지 도자기를 보여 줄게. 하나는 '청자 상감모란문 표주박모양 주전자'이고 다른 하나는 '백자 철화포도원숭이문 항아리'란

청자 상감모란문 표주박모양 주전자(왼쪽)와
백자 철화포도원숭이문 항아리(오른쪽)

다. 이제 도자기의 색깔, 새겨진 무늬, 모양 등을 천천히 살피면서 도자기의 이름이 지니고 있는 뜻이 무엇인지 생각해 보렴.

잘 모르겠다고? 그럼 힌트를 줄게.

| 청자 | 상감 | 모란문 | 표주박모양 주전자 |
| 백자 | 철화 | 포도원숭이문 | 항아리 |
| (빛깔 및 종류) | (무늬 넣는 방법) | (무늬 종류) | (그릇 모양 및 용도) |

어때? 이렇게 두 가지 이름을 나란히 놓고 보니 도자기에 이름을 어떻게 붙이게 되었는지 한눈에 알 수 있겠지? 땅속에 묻혀 있는 문화유산이 세상 밖으로 나올 때마

다 이름을 각각 다르게 짓는다면 문화유산을 관리하는 데 많은 어려움이 있을 거야. 사람들이 기억하기도 힘들고. 그래서 문화유산은 그 특성이 잘 드러나도록 일정한 규칙에 따라 이름을 짓는단다. 도자기의 경우에는 먼저 도자기의 빛깔과 종류를 적어 줘. 우리도 이름 앞에 김○○, 박○○ 이렇게 성을 붙이는 것처럼 청자인지 백자인지 분청사기인지를 제일 먼저 밝혀 줘. 그 다음에는 상감, 양각, 음각, 철화 등의 도자기에 무늬를 넣은 방법을 표시하지. 그리고 나서 도자기에 새겨져 있는 무늬가 무엇인지 알려 준단다. 모란이 그려져 있으면 모란문, 포도와 원숭이가 그려져 있으면 포도원숭이문, 이렇게 말이야. 만약 참외가 그려져 있으면? '참외문' 이렇게 이름을 붙여. 마지막으로는 표주박 모양 주전자, 항아리, 대접, 병 등의 도자기의 모양과 용도를 적는단다. 이렇게 알고 나니 길고 어렵게만 느껴졌던 도자기의 이름이 눈에 쏙쏙 들어오지? 그리고 도자기의 색깔부터 그려진 무늬, 모양까지 좀 더 꼼꼼하게 살펴보게 되는 것 같아. 이렇게 도자기마다 자신의 이름을 어떻게 갖게 되었는지 알고 나서 박물관이나 책을 통해 도자기를 만나게 된다면 어떨까? 이전과는 다르게 도자기라는 유물이 좀 더 가깝게 느껴지지 않을까? 그리고 이름만으로도 그 도자기를 떠올릴 수 있을 거야.

## 이름으로 알 수 있는 탑의 모양

예쁜 건축물 사이로 나무 향이 솔솔~ 여기는 경주 불국사야. 가족 여행이나 현장 학

불국사 전경

습으로 우리 친구들이 많이 찾는 곳 중에 하나지. 오늘은 여기서 야외 수업을 해 보자. 오늘은 다섯 고개 놀이로 시작해 볼게. 다섯 가지 힌트를 듣고 무엇을 설명하고 있는지 맞혀 보는 거야.

1단계  나는 키가 커요.
2단계  나는 소중한 것을 품고 있어요.
3단계  나의 몸은 위로 갈수록 끝이 점점 좁아져요.
4단계  나의 몸은 돌이나 벽돌, 또는 나무로 만들어져 있어요.
5단계  절에 가면 나를 만날 수 있어요.
나는 누구일까요?

불국사 3층 석탑

다섯 고개 놀이의 정답을 알아맞힐 수 있겠니? 정답은 바로 탑이란다. 탑 속에는 부처님의 유골인 '사리'가 들어 있어. 그러니까 탑은 부처님의 무덤이라고 할 수 있지. 지금 우리가 보고 있는 경주 불국사 3층 석탑을 비롯해서 여러 탑들이 문화재로 지정되어 있단다. 그렇다면 탑은 어떻게 자신의 이름을 갖게 되었을까? 탑의 이름은 위 다섯 고개 힌트와 관련이 있어. 직접 탑을 보면서 이야기 나눠 보자.

먼저 탑이 현재 어디에 서 있는지 이야기해 볼까? 경주에 있는 '불국사'라는 절에 있지. 그리고 나서 탑을 자세하게 살펴봐. 몇 층으로 이루어져 있는지, 그리고 무엇으로 만들어져 있는지. 지금 우리가 보고 있는 탑은 3층으로 이루어져 있고 돌로 만들어져 있어. 그래서 이 탑의 이름은 '경주 불국사 3층 석탑'이라는 이름을 갖게 된 거야. 잠깐, 왜 이 탑이 3층이냐고? 탑을 쌓기 위해서는 기초 바닥을 평평하게 만들어 두어야 해. 그 부분을 '기단'이라고 하는데 탑이 올라앉을 기초 바닥을 말하는 거야. 그래서 이 부분은 층수로 세지 않는단다. 이제 왜 3층인지 알 수 있겠지? 그런데 가끔 탑 중에는 몇 층인지가 확실하지 않은 경우가 있어. 이럴 때는 층수를 빼고 그냥 ○○

부여 정림사지 5층 석탑

탑이라고만 부른단. 예컨대 사진에서 보는 경주 불국사 3층 석탑과 나란히 있는 탑을 '경주 불국사 다보탑'이라고 부르지.

지금 보는 탑은 부여 정림사지 5층 석탑이야. 이 탑은 어떻게 지금의 이름을 갖게 되었는지 이제 알겠지? 그런데 뭔가 이상하지 않니? '정림사지'라는 이름의 절이 있을까? 보통 절은 '○○사' 이렇게 이름이 붙어 있잖아. '지'라는 말은 어떻게 해서 붙은 걸까? 불국사는 지금까지 남아 있어서 우리가 찾아가서 볼 수 있어. 그런데 정림사라는 절은 지금은 찾아볼 수 없단다. 정림사 건물은 사라졌지만 탑이 그 절을 지키고 있는 거지. 이럴 경우에는 탑이 서 있는 곳이 옛 정림사 자리였다는 의미로 정림사 절 이름 뒤에 '지'라는 말을 붙인단다. 그런데 이런 경우도 있어. 탑이 서 있는데 탑과 함께 있었던 사라진 절의 이름을 모르는 거야. 이럴 때는 이 탑의 이름을 어떻게 지어 주어야 할까? '경주 모르지 3층 석탑'이라고 할 수 없잖아. 사라진 절의 이름을 알 수 없을 때는 그 탑이 있는 시나 군 이름 뒤에 탑이 있는 ○○동 또는 ○○리를 붙여 준단다. 예를 들면 '경주 효현동 3층 석탑' 이렇게 말이야.

## 유적과 유물의 이름을 부르는 것은 그 의미를 새기는 것

탑은 어떻게 지금의 이름을 갖게 되었는지 함께 살펴보았어. 어때? 우리가 아무런 의미 없이 탑의 이름을 부를 때와는 느낌이 다르지. 이와 같이 유물과 유적의 이름에는 각각의 특징이 들어가 있단다. 그래서 이름만으로도 유물과 유적의 생김새, 만든 재료, 위치 등을 미루어 생각해 볼 수 있어. 우리도 유물과 유적의 이름을 알고 제대로 불러 준다면 어떨까? 그냥 옛사람의 흔적이라고 느껴졌던 유물과 유적에 관심을 가지게 되고 또 관심을 가지다 보면 이전과 달리 보이지 않았던 것까지 볼 수 있게 될 거야.

   내가 그의 이름을 불러 주기 전에는

그는 다만

하나의 몸짓에 지나지 않았다.


내가 그의 이름을 불러 주었을 때

그는 나에게로 와서

꽃이 되었다.


김춘수 시인의 「꽃」이라는 시의 일부분이란다. 이름을 부르는 것은, 이름에 들어가 있는 의미를 되새기는 거야. 우리가 유물과 유적의 이름을 불러 줄 때 비로소 유물과 유적은 나에게로 와서 진정한 문화유산으로 자리 잡을 수 있지 않을까? 답사를 가서 탑을 만나게 되면 표지판에 적힌 탑의 이름을 스쳐 지나가며 읽기보다는 반가운 마음을 담아 우리가 먼저 탑의 이름을 불러 주는 것은 어떨까? "나는 너의 이름이 가지고 있는 의미를 알고 있어. 너는 경주 감은사지 3층 석탑이지! 만나서 반가워." 이렇게 말이야.


내가 그의 이름을 불러 주었을 때

그는 나에게로 와서

진정한 문화유산이 되었다.

◆ 우리 함께 생각해 보아요 ◆

## 황룡사지 9층 목탑을
## 재현해야 할까?

전라북도 익산에는 미륵사라는 절의 터가 있단다. 그리고 그곳에 가면 옆에 보는 것과 같이 두 개의 탑을 만날 수 있어. 서쪽에 있는 탑은 '미륵사지 석탑'으로 우리나라에 있는 돌로 만든 탑 중에서 가장 큰 탑이란다. 백제의 대표적인 석탑이지. 그런데 탑의 모양이 비뚤어져 있다고? 더 자세히 보니 다른 면은 온전한 모양이 아니구나. 미륵사지 석탑은 일제 강점기 때 많이 훼손되었어. 그리고 탑을 만들 때 사용하던 돌의 일부도 완전히 사라져 찾을 수 없었지. 그래서 훼손된 부분을 수리했지만 원래 탑의 모습을 되찾아 주기는 힘들어 지금의 모습으로 서 있게 되었단다. 그렇다면 동쪽에 서 있는 탑은 무엇일까? 서쪽에 있는 탑과 비슷해 보이지만 훨씬 깔끔하고 완전한 모양이지? 동쪽의 탑은 연구를 통해 '미륵사지 석탑'의 남아 있지 않은 부분까지 추측하여 완전히 새로이 만든 거란다. 다만 탑을 새로 만들 때 일부 돌은 남아 있던 원래 탑의 돌을 사용했어. 서쪽의 탑은 세상에서 하나뿐인 거라면 동쪽과 같은 탑은 마음먹으면 새로 만들 수

익산 미륵사지 서탑(복원)과 동탑(재현)

있을 거야. 그리고 연구를 바탕으로 추측해서 만들었기 때문에, 실제 모습과 같은지 확인할 수는 없어. 그렇다면 왜 굳이 많은 돈을 들여 탑을 새로 만들 필요가 있을까? 그냥 사진이나 그림으로 보여 주거나 작은 모형을 만들어 전시하면 되지 않을까?

실제로 그런 경우도 있어. 너희 혹시 '황룡사지 9층 목탑'이라고 들어 본 적 있니? 경주에 가면 익산 미륵사지처럼 절은 없어지고 터만 남은 황룡사지가 있단다. 이곳에는 원래 신라 때 만든 9층으로 된 목탑이 있었어. 그런데 고려 시대 몽골군이 침공해서 불태워 버렸단다. 인터넷에 '황룡사지 9층 목탑'을 검색해 보면 많은 사진이 나올 거야. 그 모습은 앞에서 말한 익산 미륵사지 동쪽에 위치해 있는 탑과 같이 연구를 통해서 이렇게 생겼을 거라고 추측한 것이지. 그런

황룡사 복원 모형(국립경주박물관)

데 미륵사지에 세워진 탑과는 달리 황룡사지에 9층 목탑을 다시 세우지는 않고 있어. 그 대신 국립중앙박물관이나 국립경주박물관 등 여러 박물관에 이 탑의 모형을 전시하고 있단다. 심지어 독립 기념관의 전시실에도 민족의 역사를 이야기하면서 신라 시대 전시에 이 탑을 세워 놓기도 했어. 미륵사지 석탑처럼 있던 곳에 새로 만들지 않고 모형만 만들어 놓은 이유는 무엇일까?

 익산 미륵사지와 같은 곳을 갔을 때, 그 중심이 되는 문화 유적이 있어야 당시의 모습을 머릿속에 그릴 수 있고, 그곳이 어떤 곳인지도 마음으로 느낄 수 있다고 주장하는 사람들이 많아. 또 이처럼 눈으로 볼 수 있는 유적이나 유물을 통해 당시 사회와 사람들의 삶이나 생각을 알 수도 있고 말이야. 하지만 이런 주장에 반대하는 사람들도 있단다. 그들은 현재의 기술로 오래전의 문화유산을 복원하더라도 그것은 현대의 물건일 뿐이라고 말해. 실제로 익산 미륵사지 동탑이 새로 만들어지자, 이 탑이 익산 미륵사지가 주는 원래의 느낌을 해치고 있다는 비판의 목소리도 상당히 많았어. 너희는 어떻게 생각하니? 황룡사지 9층 목탑을 다시 만들어 그 자리에 세워야 할까, 아니면 그럴 필요가 없을까? 그리고 지금은 완전히 사라져 원래 모습을 정확히 알 수는 없지만 익산 미륵사지 동탑처럼 새로 만들었으면 하는 문화유산에는 또 어떤 것이 있을까? 각자의 생각을 곰곰이 떠올리고 정리해 보렴. 이런 질문에 대한 너희들의 생각이 마중물이 되어 우리가 문화유산을 보존해야 하는 이유와 문화유산을 통해 무엇을 공부해야 하는지에 대한 답을 찾게 해 줄 거야.

◆ 해 보아요 ◆

# 나는야, 박물관 도슨트

박물관이나 미술관, 유적지에 가면 유물과 유적을 설명해 주는 사람을 만날 수 있지? 우리 친구들도 한두 번쯤은 만나 본 경험이 있을 것 같아. 박물관이나 미술관, 기념관 등에서 전시되어 있는 작품을 설명해 주는 사람을 도슨트라고 해. 도슨트는 일반 관람객들이 전시 작품을 쉽게 이해할 수 있도록 설명하기 위해서 미술과 문화재 등에 대한 전문적인 지식이 필요한 직업이란다. 도슨트의 설명을 들으면 그냥 혼자 대강 보는 것보다는 정말로 많은 것을 알게 되지. 그렇지만 그분들도 처음부터 미술 작품이나 문화재에 대해 전문적인 지식을 가지고 있었던 것 아니란다. 혹시 이런 말 들어 본 적이 있니?

'가르치면서 배우기(Learning by Teaching).'

꽤 널리 권장되는 공부 방법의 한 가지야. 누군가를 가르치려면 자신이 먼저 무엇을 가르쳐야 할지도 알아야 하고, 그 내용을 잘 이해해야겠지. 그러기 위해서 공부를 할 테니까 가르치는 일은 훌륭한 공부로 이어질 수 있을 거야. 그렇

국립고궁박물관 왕실 유물 해설사(청소년 도슨트 활동)

다면 유물과 유적에 대해 잘 알 수 있는 방법은 뭘까? 내가 직접 조사해서 다른 사람에게 설명해 주는 경험을 한다면 그 과정에서 유물과 유적을 깊이 있게 만날 수 있을 거야. 그래서 이번에는 직접 유물과 유적을 소개하는 도슨트가 되어 보는 활동을 해 보려고 해.

  실제로 경복궁 안에 있는 국립고궁박물관에서는 '나도 왕실 유물 해설사'라는 청소년 도슨트 프로그램을 운영했단다. 이 프로그램에 참여하는 학생들은 방학 동안 도슨트 활동을 위한 교육을 받아. 그러고 나서 배운 내용을 바탕으로 전시물을 해설하기 위한 시나리오를 작성하고 여러 차례 직접 해설 연습을 한 다음, 실제 관람객에게 설명한단다. 시나리오를 작성하고 전시물을 해설하기 위해 자료를 조사하고 정리하는 긴 시간의 노력이 필요해. 이 프로그램에 참가했던 학생들은 도슨트 활동이 유물에 대해 자세히 알게 되는 소중한 시간이 되었고, 누군가에게 유물에 담긴 이야기를 전달하면서 무척 보람을 느꼈다고 하더구나. 박물관의 실제 도슨트처럼 우리도 한 가지 유물이나 유적을 설명해 볼까?

### 활동순서

❶ 소개하고 싶은 유물이나 유적 한 가지 선택하기

❷ 선택한 유물, 유적과 관련된 자료를 조사해서 설명할 내용 정리하기

❸ 조사한 내용을 바탕으로 전시 해설 시나리오 작성하기

❹ 직접 말로 설명을 시연해 보기

● 활동 사진

● 활동 내용

5장 유적과 유물을 어떻게 보존해야 할까?

6장

# 다양한 통로로 만나는
# 교실 밖 역사

너희들은 주로 어떤 방법으로 역사를 공부하니? 학교 수업? 교과서? 최근에는 학교 공부 말고도 역사를 학습할 수 있는 통로가 다양해졌어. 너희들도 서점의 베스트셀러 코너에서 역사를 소재로 한 소설이나 동화, 만화 등을 종종 본 적이 있을 거야. 역사 드라마를 보거나 영화를 감상하고, 가족들과 함께 문화유산을 찾아서 체험 학습을 하기도 해. 근래에는 박물관이나 기념관의 기획전, 그림이나 사진으로 역사적 사실을 알려 주는 전시회도 자주 열리지. 우리는 이런 다양한 통로를 통해 역사 지식을 풍부하게 할 수 있어. 그렇지만 이렇게 획득하는 역사 정보가 반드시 적절한 것만은 아니야. 어떻게 하면 이런 다양한 역사 경험으로부터 슬기롭게 역사를 공부할 수 있을까? 지금부터 교실 밖 역사로부터 효과적으로 공부를 할 수 있는 방법을 찾아보자꾸나.

# 1

# 다큐멘터리와 드라마에서 교양물로, 영역을 확대하는 TV 역사 프로그램

## 역사적 사실에 작가의 상상이 더해지는 역사 드라마

텔레비전에서 볼 수 있는 역사 중 가장 많은 것은 사극, 그러니까 역사 드라마일 거야. 우리는 일상에서 쉽고 흔하게 텔레비전을 접하기 때문에 역사 드라마가 역사 이해에 미치는 영향은 매우 크다고 할 수 있어. 역사 드라마라고 하면 어떤 장면들이 떠오르니? 세종 대왕, 이순신, 주몽, 광개토왕, 선덕 여왕, 장보고, 왕건, 장영실 등과 같은 인물의 활동이 아닐까? 나라를 세우거나 많은 업적을 남긴 왕, 나라의 어려움을 극복하는 데 기여한 인물이 주인공임을 알 수 있지. 때로는 천추 태후나 기황후, 이제마와 같이 대중에게 덜 알려진 인물이 등장하거나, 담덕(광개토왕), 동이(영조의 친어머니), 이산(정조)과 같이 유명 인물이지만 잘 모르고 있던 실제 이름이 나오는 경우도 있어.

 역사 드라마는 역사적 사실을 소재로 하지만 다큐멘터리나 교양물과는 달리 작가나 연출가가 그 내용을 재구성한 것이란다. 역사적 사실에 작가의 상상력이 더해지는 거야. 그래서 작가의 상상이 어느 정도 들어가는지에 따라 드라마의 성격이 달라진단다. 역사적 사실을 충실히 전달하는 데 힘을 기울이는 경우도 있지만, 사실을 그럴듯하게 꾸며 흥미로운 이야기를 만들어 내는 데 힘쓰는 경우가 많아. 그래서 기록에 없는 인물이 등장하거나 새로운 사건이 추가되기도 하지. 역사 드라마를 통해 역사에 접근할 경우 언제나 이 점을 염두에 두어야 할 거야.

 대개 드라마는 시청자의 반응과 시청률을 의식한단다. 이 때문에 사회에서 관심을 가지는 역사 문제를 집중적으로 다루기도 하고, 갈등이나 인물의 업적을 과장하는 경우도 있어. 2000년대 초 〈주몽〉, 〈태왕사신기〉, 〈연개소문〉, 〈대조영〉과 같이 고구려와 발해를 소재로 하는 역사 드라마가 인기를 끈 적이 있어. 당시는 고구려와 발해의 역사를 중국사에 편입하려는 중국의 역사 왜곡에 많은 사람들이 분노하고 있던 때란다. 자연히 고구려나 발해 역사를 다루는 드라마에서는 두 나라가 우리 민족의 국가임을 강조하면서 중국과 맞서 싸워 승리를 거두었음을 강조하였지. 드라마에서 고구려는 대부분 광활한 영토와 막강한 군사력을 가진 강력한 국가로 등장했어.

 역사 드라마는 흥미를 끄는 데 집중하다 보니 사실과는 달리 주인공을 미화하는 경우도 있어. 예컨대 한 방송국에서 방영된 드라마 〈기황후〉는 30퍼센트의 시청률을 기록할 정도로 큰 인기를 얻었어. 기황후는 고려 때 원나라에 공녀로 끌려갔다가 황후 자리까지 올라간 사람이야. 드라마 속 기황후는 고국인 고려를 그리워하며 낮선 환경에서 어려움을 극복한 강인한 여성으로 묘사되었어. 그러나 사실 기황후와 그의 집안사람들은 원의 힘을 배경으로 권력을 차지하여 온갖 횡포를 부리며 고려 사회를 혼란스럽게 했어. 자기 집안사람들이 처형을 당하자, 원에 있던 고려인 중 친원 세력을 부추기고 병력을 지원하여 고려를 공격하게 만들기도 했어. 드라마의 내용과는 정반대인 셈이지. 드라마는 기황후라는 새로운 인물을 사람들에게 알렸지만 그에 대해 잘못된 인식을 심어 준 것은 아닐까?

〈기황후〉가 아니더라도 역사 드라마에서 이런 문제는 종종 찾아볼 수 있어. 때때로 지나친 역사 왜곡 논란으로 시청자의 강한 항의를 받아 드라마의 대본을 바꾸거나 심지어 이미 방영을 시작한 드라마 자체가 중간에 폐지된 적도 있어. 그러나 역사 드라마의 작가에게 사실을 재구성하거나 상상을 하지 말라고 할 수는 없어. 그렇다면 드라마가 아니라 다큐멘터리가 될 테니까. 역사 드라마를 볼 때, 역사적 사실과 작가가 만들어 낸 내용이 무엇인지 구분하고, 드라마에서 전하고자 하는 메시지가 무엇인지 따져 보는 게 중요할 거야.

## '차마고도', 새로 알려진 가장 오래된 동서 교역로

'차마고도'라는 말을 들어봤니? 중국 남서부 윈난성과 쓰촨성에서 티베트를 거쳐 네팔과 인도까지 연결되는 길이야. '차마고도'는 차와 말을 교환하는 오래된 길이란 뜻이야. 아시아의 중국과 인도 및 서아시아를 연결하는 무역로이며 동서를 연결하는

KBS 다큐멘터리 〈차마고도〉의 내용을 엮은 책과 여전히 험한 차마고도의 현재 모습

가장 오래된 길이라고 해. 이 길을 따라 중국 남서부와 티베트를 연결하는 기차도 다니고 있어. 그러나 한국의 역사책에 차마고도는 이름조차 나오지 않았단다. 역사책에 나오는 유명한 동서 교역로는 바로 비단길이야. '비단길'이 무슨 뜻인지는 쉽게 짐작되지? 바로 이 길을 따라 중국의 비단이 유럽에 수출되었기에 비단길이라 불리게 된 거란다. 비단길은 중국 북부에서 사막과 중앙아시아의 초원 지대를 거쳐 서아시아, 유럽까지 연결돼. 고등학교 동아시아사나 세계사 교과서에는 비단길을 개척한 계기, 비단길의 경로, 비단길을 통해 이루어진 동서 교역 등이 상세히 서술되어 있고, 학생들은 이를 열심히 배운단다. 그런데 이에 비해 교과서에는 언급조차 되지 않던 차마고도가 어떻게 사람들에게 알려지게 되었을까?

  2007년 한 TV 방송국에서 〈차마고도〉라는 이름의 역사 다큐멘터리를 방영했어. 6부작으로 된 다큐멘터리와 스페셜 1부작까지 총 7차례에 걸쳐 방영한 프로그램이 큰 인기를 끌면서 사람들은 차마고도에 관심을 가지게 되었단다. 여행사에서는 차마고도를 통과하는 기차를 타고 티베트로 가는 여행 상품을 판매하였어. 이후 고등학교 세계사 교과서에는 차마고도를 소개하는 내용이 실리기도 했단다. 이처럼 학교에서 역사를 배워서 학교 밖 역사에 관심을 가지게 되는 것이 아니라 학교 밖 역사가 학교 역사 교육에 직접 영향을 미치는 경우가 종종 있어. 대중 매체가 가지는 힘이라고 할 수 있겠지. 너희도 한번 차마고도가 어떤 길인지 찾아보렴. 그리고 이 길을 통해 오갔던 물품을 비단길의 교역 상품과 비교해 보아도 좋을 것 같아.

## 이미지와 감성에 의한 역사

텔레비전을 시청하다 보면 너희들은 어떤 느낌을 받니? 구체적인 내용 때문이 아니라 강한 인상 때문에 빠져드는 경우가 있지는 않니? 텔레비전 프로그램의 특징은 자극적인 요소가 많다는 거야. 내용보다는 이미지나 감성으로 시청자를 끌어들여 그 속에 빠져들게 한단다. 이런 특징은 역사를 전달하는 데 이용되기도 해.

한 방송국에서 방영한 〈역사 채널 e〉라는 프로그램은 5분 정도의 짧은 시간에 역사적 사실을 전달한단다. 구체적인 사실보다는 그 내용을 해석하여 메시지를 전달하는 데 초점을 맞추고 있지. 짧은 방영 시간, 사실의 핵심 요약, 역사 해석에 기반을 둔 간결한 메시지, 슬라이드 영상 형식의 전달 방식 덕분에 큰 인기를 끌었어. 많은 교사들이 해당 주제의 수업을 시작할 때 〈역사 채널 e〉를 활용할 정도였단다. 새로운 관점으로 역사를 해석하는 방식에 다채로운 영상적 특성까지 더해진 역사 프로그램이라는 점에서 신선하다는 호평을 받았어.

그러나 이 프로그램도 결과적으로는 시청자에게 작가의 역사 해석을 강요하고, 역사를 사실보다는 감성적 측면으로 접근하게 만든다는 비판을 받았어. 텔레비전 프로그램이기 때문에 시청률을 의식해 갈수록 지나치게 민족의 정신, 문화, 투쟁 등 역사의 밝은 측면만을 강조하며 애국심을 자극한다는 지적도 있었지. 그러다 보니 이 중 어떤 내용은 역사 왜곡 논란이 일어나기도 했어. 너희는 어떻게 생각하니? 약간의 왜곡이 있더라도 이미지와 감성을 중심으로 역사적 사실을 널리 알리는 게 중요할까, 아니면 사람들이 역사적 사실을 정확하게 알지 않으면 의미가 없는 걸까? 역사를 공부하면서 한번 생각해 보렴.

## 2

# 영화는 대중의 역사 인식에 어떻게 영향을 미칠까요?

### 대중의 역사 인식에 큰 영향을 미치는 영화

영화 〈명량〉, 〈택시운전사〉, 〈왕의 남자〉, 〈암살〉, 〈태극기 휘날리며〉, 〈광해, 왕이 된 남자〉, 〈실미도〉, 〈변호인〉, 〈국제시장〉…. 이 영화들의 공통점이 무엇인지 알겠니? 천만 명 이상의 사람들이 관람한 역사 영화란다. 이 중에서 너희들이 본 영화가 있니? 역사를 소재로 한 영화는 사람들에게 꾸준한 사랑을 받고 있단다. 역사 영화가 사람들에게 관심을 받는 이유는 무엇일까? 짜임새 있는 대본과 배우들의 뛰어난 연기, 영상미 등도 물론 중요한 이유겠지만, 무엇보다도 역사를 흥미진진하게 재현한다는 점 때문이겠지. 지금부터는 역사 영화에서 과거 사실을 어떻게 전달하고 있는지 살펴보자꾸나.

줄거리와 인물의 활동을 중심으로 역사를 전달한다는 점에서 역사 영화는 역사 드라마와 비슷하다는 생각이 들 거야. 영상으로 역사를 전달한다는 형식도 마찬가지고. 그렇지만 영화는 보통 2~3시간 동안 한 편의 이야기로 전개된다는 점에서 드라마보다 드러내고자 하는 주제가 선명하고, 작가의 해석이 강하게 들어가 있어. 압축적으로 내용을 전개해 관객들에게도 훨씬 강한 인상을 주게 되지. 그래서 요즈음 역사 영화의 제작이 부쩍 많아지고 사람들의 역사 인식에 미치는 영향도 점차 커지고 있어.

## 영화가 바꾸어 놓은 역사 평가

영화는 역사적 사실에 대한 사람들의 관심을 넓히거나 새로운 눈으로 역사를 바라보게 해. 〈암살〉이라는 영화는 의열단을 소재로 한 영화야. 의열단은 일제 강점기에 일본 고관을 암살하거나 우리나라를 식민 통치하는 기관을 파괴하려는 목적으로 만든 단체야. 우리가 앞에서 만났던 윤세주가 바로 의열단 단원이었지. 독립운동의 중요한 단체로 중·고등학교 교과서는 물론 초등 교과서에도 나온 적이 있어. 그렇지만 의열단은 일반 사람들에게 널리 알려지지는 않았어. 그런데 〈암살〉이 큰 인기를 끌면서 많은 사람들이 의열단을 알게 되었어. 영화의 인기에 더불어 의열단을 조직한 김원봉에 대한 관심도 높아졌어. 김원봉은 어느 누구 못지않게 독립운동에 뚜렷한 발자취를 남긴 인물이야. 일제가 우리에게 잘 알려진 김구보다 김원봉에게 건

경상남도 밀양에 있는 의열기념관
의열기념관은 김원봉이 태어난 집터에 지은 건물이야.

현상금이 더 높았다는 사실이 이를 말해 줘. 그런데도 북한에서 고위 관리를 했기 때문에 오랫동안 대중 매체에서 다뤄지지 않았어. 그런데 영화 〈암살〉에서는 이처럼 대중에게 잘 알려지지 않은 김원봉의 행적을 중요하게 다루었어. 그 이후로도 김원봉은 영화 〈밀정〉, 드라마 〈이몽〉 등에서도 등장하며 사람들에게 꾸준히 주목받았단다.

영화로 역사적 사실이나 인물의 평가가 바뀌기도 해. 조선의 광해군은 한국사에서 평가가 엇갈리는 대표적인 인물이야. 명나라와 후금 사이에서 중립 외교를 펼쳐 전쟁을 피할 수 있었다는 점에서 높은 평가를 받는 반면, 권력을 위해 형과 동생을 죽이고 어머니를 가두었다는 비판을 받기도 해. 오랫동안 교과서나 학교 역사 교육에서는 이러한 광해군의 양면성을 동시에 서술했어. 그렇지만 광해군을 부정적으로 평가하는 사람들이 훨씬 많았다고 해. 그런데 영화 〈광해, 왕이 된 남자〉에서는 광해군이 양반 지배층의 반대를 무릅쓰고 백성을 위해 대동법을 시행하려 힘쓰는 모습을 그리고 있어. 이 영화로 사람들에게 광해군의 긍정적 이미지가 크게 부각되었어. 학교에서 배우는 역사 못지않게 영화가 사람들의 역사 인식에 큰 영향을 줄 수 있다는 것을 알겠지?

영화를 통해 역사를 공부하는 것은 여러모로 유익할 수 있어. 역사적 사실의 관심 폭을 넓히고, 새로운 역사적 관점을 접할 수도 있으니까. 그러나 역사 드라마와 마찬가지로 영화도 관객 수를 의식한 나머지 지나치게 인기를 얻으려 한다는 비판도 있어. 한국 역사상 가장 많은 1700만 명 이상의 관객을 동원한 영화 〈명량〉은 너희들도 잘 아는 이순신 장군과 명량 대첩을 소재로 한 영화야. 그러나 전쟁의 모습이나 당시 상황을 설득력 있게 그리기보다는 관객의 감정에 기대어 이순신의 영웅적 면모만을 부각시킨 이른바 '국뽕' 영화라는 비판도 받았어. 영화에서 이순신 장군과 대비되는 매우 비겁한 장수로 그려진 한 인물의 후손은 영화 내용이 역사적 사실을 왜곡했다고 강하게 반발하기도 했어. 영화니까 이 부분은 작가의 창작이라고 할 수도 있지만, 후손의 입장에서는 자신의 조상이 하지도 않은 부끄러운 일을 한 것으로 나온다면 크게 우려할 수도 있지 않을까? 이럴 경우 너희가 이 인물의 후손이라면 어떻게 하겠니?

## 현대사를 비판적으로 다루는 역사 영화

근래에는 현대사를 소재로 하는 영화들도 여러 편 제작되었어. 위에서 언급한 관객

천만 명이 넘는 역사 영화 중 〈택시운전사〉, 〈태극기 휘날리며〉, 〈실미도〉, 〈변호인〉, 〈국제시장〉이 현대사를 소재로 한 영화들이야. 그동안 현대사에서 일어났던 여러 사건들은 독재 정권이나 권위주의 정부 아래에서 진실이 감춰진 채 제대로 알려지지 않았어. 학교 역사 교육에서도 현대사를 제대로 다루지 않았지. 제주 4·3 사건, 한국 전쟁 당시 민간인 학살, 독재 정권하에서 일어난 인권 탄압, 5·18 민주화 운동, 6월 민주 항쟁 등과 같이 민주주의를 탄압하려는 움직임에 맞선 민주화 운동이 그런 사건들이야. 이처럼 잘 알려지지 않거나 학교에서 많이 배우지 않던 현대사의 사실들을 알리고 사람들이 관심을 가지게 하는 데 역사 영화가 큰 역할을 하고 있어.

2017년에 개봉한 영화 〈택시운전사〉를 예로 들어 볼게. 이 영화는 1980년 5월 광주에서 당시 군사 정권의 집권을 막기 위해 일어난 민주화 운동을 다루고 있어. 권력을 잡은 군사 정권은 5·18 민주화 운동을 '폭동'이나 '사태'로 부르며 왜곡했단다. 그러나 많은 사람들의 희생과 노력으로 점차 진상이 알려지게 되었어. 지금은 교과서에도 5·18 민주화 운동의 전개 과정과 의미가 서술되어 있어. 영화 〈택시운전사〉는 독일 기자 힌츠페터가 광주에서 일어나고 있는 일을 취재하기 위해 주인공 만섭이 운행하는 택시를 타게 되면서 본격적으로 전개된단다. 가난한 택시 기사 만섭은 석 달치 월세에 해당하는 큰돈을 택시비로 받기로 하고 힌츠페터를 광주로 데려다 주었어. 처음에 만섭은 비싼 등록금을 내고 위험한 시위를 하는 대학생들이 이해되지 않았어. 그러나 광주에서 시민군의 이야기를 직접 듣고, 군사 정권이 이들을 폭력적으로 진압하는 모습을 목격하면서 점차 생각이 변하게 되었지. 만섭은 힌츠페터와 함께 여러 차례 위기를 겪으며 무사히 그를 공항으로 데려다 주었어. 일본으로 건너

영화 〈택시운전사〉의 실제 주인공 김사복(오른쪽)과 위르겐 힌츠페터(왼쪽)

간 힌츠페터는 자신이 촬영한 영상을 방송에 내보냈고, 이로써 5·18 민주화 운동은 세계에 알려지게 되었단다.

  이 영화는 5·18 광주 민주화 운동 상황을 취재해 전 세계에 알린 독일 기자 위르겐 힌츠페터와 그를 광주까지 데려다 준 택시 운전사 김사복의 실제 이야기를 바탕으로 했어. 〈택시운전사〉를 본 사람들은 5·18 민주화 운동이 어떤 과정을 거쳐 이루어졌는지, 누구의 희생이 있었는지, 어떻게 세상에 밝혀지게 되었는지를 머릿속에 그려 보았을 거야. 때로는 말로 길게 설명하는 것보다 영상을 통해 보는 것이 더 이해가 잘되고 마음속에 강하게 남는 경우가 있단다. 그렇지만 작가나 감독의 의도가 무엇인지 실제 사건과 어떤 점에서 다른지 검토하고, 작가가 전하려는 메시지가 적절한지 생각해 보는 것도 역사를 이해하는 데 필요한 태도란다. 너희도 이 점에 유의하며 현대사를 소재로 한 영화를 즐기도록 하렴.

# 다양한 표현 방식으로
# 역사를 만나요

## 문자에서 그림으로, 영상으로

오늘날 우리가 학교 밖 역사는 점점 다양해지고 있어. 이는 역사를 표현하는 방식이 갈수록 훨씬 많아지고 있기 때문이야. 원래 역사를 전달하는 주된 방식은 문자였어. 역사 교과서나 다른 역사책들은 빼곡하게 적힌 글로 역사적 사실을 설명했어. 그런데 이제는 글이 아니라 다른 방식의 역사 표현도 쉽게 찾아볼 수 있지. 그렇다면 금방 떠오르는 표현 방식이 무엇이니? 사진이나 그림 같은 이미지, 영상 자료가 아닐까? 사진기나 영상 기기들이 늘어나면서 우리는 쉽게 이미지나 영상으로 역사적 사실을 담은 자료를 접할 수 있게 되었어. 교과서나 요즘 너희들이 보는 역사책에도 사진이나 그림들이 꽤 많이 실려 있지 않니? 심지어 글이 거의 들어가지 않거나 그림으로

만 표현한 역사책들도 찾아볼 수 있어. 인터넷의 보급은 이처럼 이미지나 영상으로 역사를 보는 현상을 가속화했어. 그런데 영상과 달리, 정지된 장면을 담은 그림과 사진을 가지고 어떻게 역사 공부를 할 수 있냐고? 역사책에 많이 나오는 그림을 하나 보도록 하자.

## 그림에서 만나는 사람들

봄부터 열심히 농사지은 곡식을 거둬들이는 가을이 왔어. 가을이 되면 황금빛으로 물든 곡식을 베어 와서 이삭을 털어 낟알을 거두는 일을 해. 이 작업을 타작이라고 한단다. 조선 시대 화가 김홍도는 타작하는 날의 모습을 그림으로 표현했단다. 그럼 우리 함께 이 그림을 꼼꼼하게 살펴보면서 그림이 들려주는 역사 이야기에 귀를 기울여 보자.

옛 그림을 볼 때는 오른쪽 위에서 왼쪽 아래로 대각선 방향으로 보면 그림이 담고 있는 이야기를 놓치지 않고 볼 수 있다고 해. 우리도 오른쪽 위로 시선을 옮겨 볼까? 한 아름 쌓아 올린 볏단 위에 돗자리를 펼쳐 놓고 누워 있는 잘 차려입은 사람이 보이지? 한쪽 다리를 올려놓고 턱을 괸 채 담배를 피우고 있네. 돗자리 옆에는 술병과 술잔까지 챙겨 놓은 걸 보니 나무 그늘에 쉬러 온 사람처럼 여유로움이 느껴지는구나.

이제 우리의 시선을 타작을 하고 있는 농부들을 향해 볼까? 4명의 사내가 통나무에 볏단을 힘차게 내리치며 이삭을 털고 있구나. 이때 사용하는 통나무는 이삭을 털

김홍도의 벼타작

어 낼 때 사용하는 '개상'이라는 농기구란다. 따가운 가을 햇볕 아래 일하다 보니 땀으로 온몸이 흠뻑 젖어 옷을 풀어 헤치고 있어. 조금 전에 만났던 잘 차려입은 사람의 모습과는 정반대야. 농부들은 이렇게 무거운 짐을 지고, 땀을 뻘뻘 흘리며 일을 하고 있는데 이 사람은 편한 자세로 누워 구경만 하고 있으니 조금 얄밉지는 않았을까? 조금 더 아래로 시선을 옮겨 볼까? 갈퀴를 든 한 사람이 떨어진 나락을 긁어모으고 있구나. 그런데 타작하는 사람들에 비해 조금 마른 것 같기도 하고, 나이가 조금 더

든 것 같기도 하네. 왜 이 사람은 혼자 이 일을 하고 있을까? 타작하는 게 힘드니까 돌아가며 이 일을 하는 걸까? 마지막으로 왼쪽 위에는 지게에 한가득 볏단을 쌓아 짊어진 농부가 보이는구나. 혼자서 저 많은 짐을 지려면 어깨가 천근만근 아파 오기 시작하겠지. 농부들은 지금 무슨 생각을 하고 있을까? 올해 수확량이 늘어서 기쁜 마음일까? 어서 일을 끝내고 쉬고 싶은 마음일까? 이처럼 각각의 인물들이 어떤 생각을 하고 있을지 상상해 가며 그림을 감상하는 것도 역사 자료를 효과적으로 탐구하는 방법 중 하나란다.

## 그림에서 만나는 사람들 간의 관계

김홍도의 벼타작 그림을 함께 읽어 보았어. 생생하게 표현된 그림을 보면서 마치 그곳에 가 있는 느낌이 들지 않았니? 그림을 꼼꼼히 읽으며 우리는 농부들이 나누는 대화나 생각을 상상해 보았고, 당시 사람들이 농사짓는 방식도 알게 되었지. 그리고 당시 사용하던 농사 도구도 만날 수 있었지. 오늘날 농사짓는 모습과 어떤 점에서 같고, 다른지 비교도 할 수 있겠구나.

그림 속에서 타작을 하는 농민들은 '소작농', 편한 자세로 누워 이들을 감독하는 사람은 '마름'으로 추정된단다. 양반들은 자신들이 소유한 농장을 노비를 시켜 농사를 짓거나 농민들에게 빌려주고 수확량의 절반을 받았지. 이런 사람을 지주라고 불러. 이때, 양반인 지주로부터 소작지의 관리를 위임받아 감독하는 사람을 마름이라고 한단다. 마름은 양반인 경우도 있지만, 그 지역의 농민, 심지어 노비인 경우도 있었어. 마름이 하는 주된 일은 지주의 토지 근처에 살면서 소작인들에게 소작료를 거둬 들여 지주에게 바치는 것이었어. 어떠니? 한 장의 그림에서 수많은 역사적 사실을 읽을 수 있지?

그런데 마름과 소작인의 관계는 어땠을까? 마름의 입장에서는 많은 양의 곡식을 수확해서 지주에게 바쳐야 하니까 소작인들이 더 부지런히 농사를 짓도록 재촉했겠지. 땀을 뻘뻘 흘리며 농사를 지어도 수확량의 절반이나 지주에게 바쳐야 하는 농민의 속마음은 어땠을까? 힘들게 일해 거둔 결실인 만큼 농민들의 상실감은 무척 컸을 거야. 그렇지만 그림을 그린 김홍도는 농민들의 삶을 마냥 고통스럽고 힘들게만 그려 내지는 않은 것 같아. 다시 한번 그림 속 농부들의 얼굴을 자세히 살펴볼까? 힘들어서 표정이 구겨질 법도 한데 농부들은 얼굴 가득 미소를 띠며 밝게 웃고 있지. 당시 농부들은 자신의 삶이 힘겹고 고달파도 작년보다 더 많이 수확할 수 있음에 감사하며 힘든 노동을 함께 이겨 내려 했는지 몰라. 우리는 이처럼 그림 자료에서 역사적 사실뿐 아니라 당시 사회적 상황, 사람들이 지녔던 생각까지도 떠올릴 수 있단다.

## 아동용 역사책의 다양한 표현 방식

지금까지 사진이나 그림, 영상과 같이 과거의 모습을 시각적으로 재현한 방식을 살펴보았어. 그렇다고 글로 된 역사가 완전히 사라진 것은 아니야. 아마도 너희가 가장 흔하게 역사를 만나는 통로는 여전히 책일 거야. 다만 과거에 일어난 일을 그대로 서술하거나 설명하는 일반적인 역사책 외에도 다양한 종류의 책들에서 지난날 일어났던 일을 알 수 있어. 주변에서 역사를 소재로 하는 소설이나 동화, 만화를 쉽게 찾아볼 수 있을 거야.

특히 재미있고 흥미롭게 역사 공부를 할 수 있다는 점에서, 역사 만화를 즐기는 경우가 꽤 많이 있단다. 한국사나 세계사 전체를 시대순으로 수십 권으로 나누어 그린 역사 만화도 만날 수 있어. 만화나 그림으로 표현했다고 하더라도 역사적 사실을 수십 권에 걸쳐 다루고 있는 만큼 교과서에 비해 내용이 훨씬 방대하고 자세하단다. 심지어 초등학교에서는 세계사를 배우지 않는데도 어린이와 청소년을 대상으로 한 세계사 역사 만화도 등장하고 있어. 근래에는 유적이나 유물, 제도, 생활, 문화 등 특정 역사 주제를 깊게 다루는 책들도 나오고 있지. 상당히 깊이 있는 내용이지만 역사에 관심이 있는 초등학생들은 무리 없이 읽을 수 있다고 하는구나.

어린이용 역사책 중에서 근래 눈길을 끄는 것은 그림 역사책이야. 역사 만화도 일종의 그림 역사책이 아니냐고? 대부분의 그림 역사책이나 역사 만화는 역사적 사실을 시각적으로 알기 쉽게 그리고 있어. 그런데 그림 역사책은 어떤 역사적 사건의 특징적인 모습을 그림으로 표현해서 특정한 이미지를 남긴단다. 특히 너희들에게 구체적인 내용을 일일이 설명하기 어려운 역사적 사실일 경우, 이런 식으로 내용을 전달하는 방식이 효과적일 수 있어. 한 가지 예를 들어 볼게.

혹시 홀로코스트라는 사건에 관해 들어 본 적이 있니? 제2차 세계대전 중 나치 독일이 수많은 유대인을 수용소에 가두고 550만~650만 명에 이르는 사람을 죽인 사건이야. 이 사건을 다룬 역사책은 굉장히 많고, 아동용 역사책들도 있어. 그런데 『백장미』라는 역사책에서는 트럭에 사람을 싣고 가는 모습, 함께 실려 가는 아이들, 철조망을 사이에 놓고 이 아이들과 만나는 주인공, 그리고 배가 고파 하는 철조망 너머의 아이들에게 빵을 주는 주인공의 모습을 그렸어. 이 책에는 홀로코스트의 진상이 서술되어 있지 않아. 책이 다루는 내용이 홀로코스트라는 것도 명확히 나타나지 않지. 다만 사람들을 트럭에 싣고 가는 모습, 군인이나 어린이의 복장, 철조망, 사람들을 수용하는 막사 등을 통해서 이 책이 홀로코스트를 주제로 하는 것임을 보여 주고 있어. 그리고 이런 모습들은 홀로코스트가 사람들의 삶을 어떻게 파괴했는지 알려 주고 있단다. 너희도 그림을 보면서 당시 입장이 서로 다른 여러 사람들이 어떤 생각을 하고 어떻게 행동했는지 추측해 보렴.

한국에서도 근래 이처럼 글보다는 그림으로 역사적 사실을 전달하고 그 의미를 생각해 보게 하는 역사책들이 나오고 있어. 일본군 '위안부', 제주 4·3 사건, 한국 전쟁 중에 일어난 민간인 학살 사건 등 일제 강점기나 해방 이후 일어난 비극적인 사건들이지. 예컨대 제주 4·3 사건을 소재로 한 『나무 도장』은 당시 일어났던 사실을 그림으로 충실히 전달하고 있는 반면, 한국 전쟁 때 일어났던 학살 사건을 다룬 『제무시』는 책의 제목과 트럭이 계속해서 사람들을 산속으로 실어 나르는 모습을 통해 사건의 진실을 밝히고 그 의미를 생각하게 하고 있어. '나무 도장'은 제주 4·3 사건 당시 학살 현장에서 살아남은 어린 소녀가 손에 꼭 쥐고 있던 물건이야. '제무시'는 당시 사용했던 군용 트럭이고, 여기에 실려 산속으로 들어간 사람들이 나오지 않는 그림을 통해 사건의 진상을 보여 주고 있어. '나무 도장'과 '제무시'를 통해 작가가 전달하

그림 역사책 『나무도장』, 『제무시』

려고 하는 사건의 의미가 무엇일까? 작가는 그림을 통해 어떤 메시지를 전달하려고 했을 거야. 그렇지만 반드시 작가가 전달하려는 메시지가 무엇인지 찾으려고 노력할 필요는 없을지 몰라. 오히려 책을 읽은 다음 자신의 생각을 이야기하는 편이 더 좋을 것 같아. 너희들도 이러한 그림 역사책을 읽고 친구들에게 전하고 싶은 메시지를 떠올려 보렴.

# 4

# 체험으로 만나는 역사

## 눈으로 보고 마음으로 느끼는 역사 체험

학교 체험 학습에서 가장 많이 찾는 곳은 박물관이나 유적지 등 역사를 경험할 수 있는 장소일 거야. 특히 역사적 사건이 일어난 장소이거나 역사적 인물과 관련이 깊은 곳은 체험 학습의 현장으로 많이 활용되고 있어. 가족 여행이나 친구들과 어떤 지역을 방문할 때도 이런 장소에 많이 들르고는 하지.

이런 곳에 가면 으레 그 지역에서 활동했던 사람을 소개하는 글을 볼 수 있지? 글을 읽으면서 우리는 그 지역에서 일어났던 일이나 그곳에서 살았던 사람을 만날 수 있어. 물론 이런 내용은 그 장소에 가 보지 않아도 알 수가 있어. 역사 블로그나 문화재청 홈페이지에서도 유적이나 유물, 지정된 사적지를 소개하는 내용을 찾아볼 수 있단다. 그런데도 사람들은 구태여 왜 이런 장소에 들르는 걸까?

어떤 역사적 인물이나 장소에 대한 설명을 읽는 것은 지식을 습득하는 것이지만 마음으로 느끼는 것은 아니란다. 역사를 공부한다는 것은 지난날에 일어난 일을 아는 것뿐 아니라 마음으로 느끼고 받아들이는 거야. 책이나 인터넷을 통해 만나는 역사는 이처럼 마음으로 느끼고 정서적으로 교감하는 경험을 제공하기는 어려워. 물론 요즈음 인터넷에서도 단순히 역사적 장소에 대한 설명뿐 아니라 그곳을 방문한 사람들의 감상을 찾아볼 수 있어. 교과서나 역사책에도 역사적 사건에 대한 지은이의 생각이나 느낌이 들어 있기도 해. 그렇지만 이는 자신이 아닌 다른 사람의 마음에서 나온 거야. 그러니까 다른 사람의 느낌을 또 다른 역사 지식으로 받아들이는 것이라 할 수 있지. 옛사람들의 마음과 생각이 깃들어 있는 역사적 장소를 찾아 마음으로 느낄 때, 그 역사는 자신에게 의미 있는 삶의 일부분이 될 수 있지 않을까? 너희들도 역사적 장소에 방문할 때, 거기에서 살았던 사람의 생각이나 말, 일어난 일들을 마음으로 느끼고 받아들여 보렴. 그럴 때 그 체험은 더욱 의미 있는 역사가 될 수 있을 거야.

## 탁본, 체험 활동을 통한 역사 이해

역사 체험은 반드시 역사의 현장을 방문하는 것만은 아니야. 혹시 박물관에 가서 체험 활동을 해 본 적이 있니? 충청북도 청주에 가면 국립청주박물관이 있어. 이곳에서 가장 인기 있는 곳은 바로 어린이박물관이란다. 2004년에 문을 연 국립청주박물

국립청주박물관 어린이박물관의 체험 활동을 소개하는 SNS 게시물

관의 어린이박물관은 국립 박물관으로서는 최초로 세워진 어린이를 위한 박물관이라고 하는구나. 어린이박물관이 인기를 끌면서 국립청주박물관의 전체 관람객 수도 크게 늘었다고 해. 어린이박물관이 인기 있는 비결은 무엇일까?

어린이박물관은 전시보다는 직접 만들어 보거나 체험하는 다양한 활동을 제공한단다. 물론 과거에 사용했던 물건을 똑같이 만드는 것이 아니라 어린이들도 뚝딱뚝딱 해결할 수 있는 활동이지. 이곳의 어린이박물관이 인기를 끌면서 다른 박물관들도 어린이들이 체험 활동을 할 수 있는 코너를 별도로 마련하여 프로그램을 운영하고 있어.

박물관의 체험 활동 중 흔히 볼 수 있는 것은 바로 탁본 만들기야. 탁본은 돌이나 금속의 겉에 새겨져 있는 글자나 그림, 무늬 등을 종이에 새기는 거란다. 탁본은 원

신라 진흥왕 순수비 탁본
신라 진흥왕 순수비는 신라 제24대 왕인 진흥왕이 고구려, 백제를 물리치고 세력을 넓힌 것을 기념하기 위해 한반도 여러 지역에 세운 비석이야. 이 그림은 4개의 순수비 가운데 북한산비를 탁본한 것이지.

래 역사 연구 방법으로 사용되었어. 돌이나 금속에 새겨져 있는 내용은 언뜻 눈에 잘 보이지 않지? 그런데 탁본을 하면 그 내용을 뚜렷이 읽을 수 있단다. 그럼 탁본 만드는 방법을 알아볼까?

먼저 내용이 새겨진 돌이나 금속 표면에 먹을 칠한 후, 그 위에 종이를 판판히 붙여야 해. 그 다음 솔과 같은 도구로 표면을 쳐서 글자나 그림 부분을 드러나게 하고, 거기에 솜방망이에 먹을 묻혀 두들겨서 잘 보이게 한 다음 종이를 떼어 내는 거야. 그러면 솔로 쳐서 안쪽으로 들어간 글자나 그림에는 먹이 묻지 않아서 하얗게 되고, 그렇지 않은 표면에는 새까만 먹이 묻어서 잘 보이게 되겠지. 대개 박물관의 체험 활동에서는 유물보다는 간단한 물건으로 탁본을 만들어 보도록 한단다. 탁본의 내용을 아는 것보다 직접 탁본을 해 보는 경험을 제공하는 데 중점을 두는 거지. 때때로 옛 기와나 종, 그 밖의 생활 도구의 모형을 탁본하기도 한단다.

　탁본 활동은 박물관에서만 가능한 게 아니야. 학교 수업 시간이나 방과 후에 개인적으로 해 볼 수도 있어. 집안이나 주변에 탁본을 할 수 있는 물건이나 장소도 그리 어렵지 않게 찾을 수 있을 거야. 기회가 된다면 직접 탁본을 해 보렴. 너희들도 마치 역사가가 하는 것처럼 역사를 연구하는 과정을 경험해 볼 수 있겠지. 물론 유적이나 유물을 함부로 탁본하는 것은 절대로 안 된단다. 또 먹을 사용하니까 주변을 어지럽히지 않도록 주의해야 할 거야.

◆ 우리 함께 생각해 보아요 ◆

# 어린이를 통해
# 역사를 재현할 수 있을까?

**어린이의 눈으로 역사를 본다면**

근래에는 어린이나 여성, 외국인과 같이 그동안의 역사에서 소외되어 온 인물들을 역사의 주인공으로 내세워 역사를 새로운 시각에서 보려는 시도가 이루어지고 있어. 그중에서도 비슷한 또래인 어린이의 눈으로 역사를 보려는 시도는 너희들에게도 의미 있게 다가올 것 같구나. 어떤 일을 겪거나 뉴스를 들었을 때 너희는 자기 나름으로 그에 대해 생각을 하게 되지. 때로는 어른들이 하는 일이 이해가 잘 되지 않거나 너희 생각과는 다른 경우도 있을 거야. 지금까지 우리가 익숙하게 접해 온 역사는 대개 어른의 관점에서 서술된 것이란다. 그렇지만 과거에 살았던 어린이들도 자신의 눈으로 당시 일어나고 있는 사건을 바라보고 이해했을 거란다. 또 사회 변화를 일으키려 직접 역사적 사건에 참여한 사례도 있을 테지. 그러나 아쉽게도 어린이가 직접 역사 기록을 남긴 경우는 그다지 많지 않단다. 그래서 많은 역사책이 가상의 어린이 주인공을 설정하여 당시의 상황을 전하거나, 당시 어린이가 겪었음 직한 경험을 해석하여 서술한단다. 지금부터는 몇 가지 이야기를 통해 어린이의 눈으로 역사를 보면, 어떤 새로운 사실이 보일지 함께 찾아보도록 하자.

**어린이의 눈으로 본 삼국 통일**

"저는 죽을 수가 없었어요!"

갑자기 부소가 소리쳤다.

"소인의 어미는 아버지도, 오라비도, 남편도 다 잃었는데, 그런데, 저까지 어떻게 죽어요?"

춘추공의 눈이 커졌다. 춘추공 앞에서 눈을 똑바로 뜨고 소리를 치다니, 부소는 스스로도 깜짝 놀라 질려 버렸다. 춘추공은 부소를 한참 바라보더니 낮게 말했다.

"그래서, 엄격한 군율도 신라군에게 목숨보다 중요한 대의도 너에겐 마른 삭정이처럼 가벼웠던 것이냐?"

"저는 장수도 아니고 화랑도 아니에요. 대의가 다 뭡니까? 어머니 혼자 남겨 두고 대의가 그까짓 게 뭐냔 말입니다."*

---

* 배유안 글, 허구 그림, 『서라벌의 꿈』, 2012, 18쪽에서 옮김.

위 글은 신라의 삼국 통일을 다룬 역사 동화의 일부분이란다. 신라가 삼국을 통일할 당시 한반도에서는 영토 확장을 위한 전쟁이 한창이었어. 나라를 위해서라면 자신의 목숨을 기꺼이 바쳐야 한다는 것이 김춘추의 생각이었지. 그렇지만 이 책에 나오는 신라 어린이 부소에게 삼국 통일은 전혀 중요한 일이 아니었어. 하루빨리 전쟁을 끝내고 어머니와 평범하지만 평화롭게 살아가는 게 부소의 유일한 꿈이었단다.

우리는 대개 당시 신라 사람들은 모두 발 벗고 전쟁에 나섰고, 삼국 통일을 간절히 염원했으리라 생각할 거야. 그런데 위 동화의 주인공은 어떻게 말하고 있니?

위의 동화책에서 이야기를 이끌어 가는 사람은 바로 어린이야. 작가는 가상의 신라 어린이 부소의 눈으로 신라의 삼국 통일을 보고 있어. 부소에게 김춘추가 말하는 대의는 단지 국가와 어른들에게만 중요할 뿐이야. 작가는 아마도 어떤 역사 기록에도 나오지 않는 어린이의 목소리를 밖으로 드러내어 당시 신라의 평범한 사람들이 가졌음 직한 소박한 꿈을 표현하려 했을 거야. 어린이의 눈으로 재현하는 역사라고 할까?

물론 동화는 어린이 독자를 대상으로 작가가 상상하여 만든 문학 작품이야. 너희들 사이에서도 생각이 다른 것처럼 당시 신라 어린이들도 모두 똑같은 생각을 하지는 않았을 거고, 많은 신라 어린이들이 어떤 생각을 했는지도 알 수는 없어. 다만 작가는 독자들이 다양한 방식으로 신라의 삼국 통일을 평가하고 해석하기를 바랐을 것 같아. 너희들도 지금까지 주목받지 못했던 어린이, 여성, 천민의 입장에서 삼국 통일이 어떤 의미를 지녔을지 상상해 보는 것은 어떨까? 아마도 지금보다 삼국 통일을 다채롭게 해석하고 평가하는 계기가 될 것 같구나.

**어린이가 역사의 주인공이 된다면**

어린이의 모습과 삶을 통해 역사를 재현하려는 움직임도 활발하단다. 2007년 경상남도 창녕군 송현동의 한 무덤에서 옛사람의 유골이 발견되었단다. 사람들은 이곳에 묻힌 사람을 발견된 장소의 이름을 따와 '송현'이라 불렀단다. 역사가들은 송현이의 삶을 자세히 들여다보기 위해 여러 가지 조사를 실시했어. 컴퓨터 단층 촬영과 3차원 정밀 검사, DNA 검사 결과, 송현이의 키는 약 153센티미터이며, 16세의 이른 나이로 죽음을 맞았던 것으로 추정되었어. 또 무릎의 뼈가 많이 닳아 있는 점으로 볼 때, 송현이는 무릎을 꿇는 일을 많이 하는 낮은 신분으로 여겨졌지. 그런데 송현이가 왜 이처럼 어린 나이에 땅속에 묻혔을까? 먼 과거에는 높은 신분의 사람이 죽으면 시중을 들던 사람을 함께 묻는 풍습이 있었다고 해. 그중 많은 사람은 노비였겠지. 이를 순장이라고 한단다. 역사가들은 송현이도 마찬가지로 순장으로 목숨을 잃었을 것이라 판단했어. 송현이는 당시의 풍습뿐만 아니라 가야인들이 먹었던 음식이나 영양 상태 등 다양한 사실을 우리에게 말해 주었어.

송현이가 발견된 창녕군에서는 송현이의 흔적을 사람들에게 알리려고 송현 광장을 만들었어. 송현 광장의 벽화길에 송현이가 했음 직한 말이나 행동, 생활 모습 등을 그려 넣어 송현이의 삶을 생생하게 표현하였지. 송현이를 주인공으로 한 역사책도 여러 권 나왔단다. 어린이 역사에 주목하는 작가들은 이 외에도 3·1 운동에 참여한 어린이들의 이야기를 통해 어린이도 역사의 주인공이 될 수 있다는 메시지를 전하거나, 임진왜란 시기 어린이의 힘든 처지를 다뤄 전쟁이 어린이에게 얼마나 가혹한 것인지 보여 주기도 한단다. 여러 가지 증거를 토대로 당시 어린이들의 삶과 생각을 추론하는 것이지. 그렇지만 역사에서 어린이들이 주어진 환경에 슬기롭게 적응하고 때로는 어려움을 극복하기 위해 노력했음을 보여 주는 증거도 많단다.

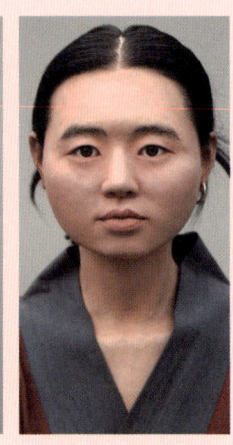

복원된 가야 소녀 송현이

　어린이의 눈으로 역사에 다가가니 어떤 느낌이 들었니? 어렵기만 했던 역사적 사실이 좀 더 친근하게 느껴지지는 않니? 비슷한 또래의 역사 속 어린이들의 이야기를 읽으며 역사를 새로운 눈으로 보는 경험과 너희들도 자신의 역사의 주인공이 될 수 있다는 꿈을 가지게 되었으면 좋겠구나.

◆ 해 보아요 ◆

# 한 장의 그림으로 역사를 표현해요

너희들은 역사책을 읽고 난 후 어떤 방식으로 생각을 정리하니? 노트에 자신의 생각을 적거나 친구들과 역사적 사실에 대한 여러 가지 생각과 느낌을 공유하는 것도 좋은 방법이란다. 그러나 오늘은 그림으로 역사적 사건이나 인물에 대한 생각을 정리해 보자. 그림 솜씨가 좋지 않아 걱정이라고? 그림을 예쁘게 그리지 못해도 괜찮단다. 역사적 사건이나 인물에 대해 떠오르는 생각과 느낌을 구체적으로 표현하기만 하면 돼.

❶ **그림으로 표현할 역사적 사건이나 인물을 선택해요.**

먼저, 너희들이 읽은 역사책에서 다루는 주된 사건이나 인물이 누구인지 확인해 보렴. 만약 사건이나 인물에 대한 정보가 부족하다면 인터넷 검색이나 다른 책을 보고 보완해도 된단다. 예를 들어, 선생님은 앞서 살펴본 『서라벌의 꿈』을 읽고 나서, 삼국 통일에 대한 당시 사람들의 다양한 생각을 그림으로 그려 보려

한단다. 정보를 더하기 위해 『삼국사기』에서 신라의 김춘추나 문무왕, 백제의 계백과 의자왕에 대한 기록도 살펴볼 예정이야.

❷ **선택한 역사적 사건이나 인물과 관련하여 떠오르는 생각을 마인드맵으로 정리해요.**

다음으로 선택한 역사적 사건이나 인물에 대해 드는 생각을 마인드맵으로 정리해 보도록 하자. 선생님의 경우, '삼국 통일을 보는 당시 사람들의 생각'이라는 단어를 종이 한가운데 적고, 신라의 왕, 신하, 전쟁에 나선 화랑, 부소와 같은 어린이, 고구려, 백제의 백성, 당 태종의 입장에서 삼국 통일이 어떤 의미를 지녔을지 생각해 볼 거란다.

❸ **도화지에 역사적 사건이나 인물에 대한 밑그림을 그려요.**

한 장의 그림 속에 역사적 사건이나 인물에 대한 생각을 담아내기 위해 마인드맵의 내용을 몇 가지 추려 보자꾸나. 종이의 크기에 맞춰 강조하고 싶은 부분을 중심으로 밑그림을 그려 봐. 선생님은 문무왕, 부소, 고구려인, 당 태종, 네 사람의 머리 위에 각각 말풍선을 나란히 그려 삼국 통일을 보는 각자 다른 생각을 나타낼 거야. 예컨대 문무왕은 나라를 통일하였으니 백성들의 삶을 안정시키는 정책을 만들라고 신하들에게 명하는 모습을, 부소의 경우 백성들을 힘겹게 하는 무리한 전쟁에 반대하는 모습을, 고구려인의 경우 나라가 망해서 먼 타국의 땅으로 강제로 끌려가는 모습을, 당 태종의 경우 한반도 전체를 지배하려는 야

망을 그림으로 나타낼 거야. 그 밖의 다른 사람을 선정해서 그려도 괜찮아.

❹ **그림에 색을 칠한 후, 나의 생각이 잘 드러나도록 제목을 붙여요.**

마지막으로 적절하게 채색을 한 후, 그림을 완성해 보자꾸나. 그렇지만 아름답게 표현하는 것이 활동의 주된 목적이 아니니 화려하게 색칠을 하지 않아도 된단다. 다만 나의 생각이 잘 드러나도록 멋진 제목을 붙이고 친구들에게 그림을 설명해 보는 게 좋을 것 같구나.

7장

# 인터넷에서 역사를 공부해도 될까요?

우리가 그 이전보다 다양한 방식으로 역사를 공부하는 데 인터넷의 등장이 큰 역할을 하고 있어. 잘 모르는 역사 용어의 뜻을 확인하거나 역사적 사실에 대해 알고 싶을 때 으레 인터넷을 검색해 보지 않니? 역사 블로그나 누리집, 웹툰 등을 통해서 쉽고 빠르게 역사 정보를 얻을 수 있지. 최근에는 역사를 콘텐츠로 하는 유튜브 채널도 생겨나 우리에게 역사 공부의 즐거움을 더해 주고 있단다. 무궁무진한 역사 자료가 넘쳐나지만, 검증되지 않은 무분별한 정보도 활개 치는 인터넷을 이용해서 역사를 공부해도 괜찮을까? 지금부터는 최근 온라인 공간에서 새롭게 등장한 역사 공부법을 살펴보고, 인터넷에서 역사를 공부할 때 고려해야 할 점에 대해서 생각해 보기로 하자.

# 인터넷이 만들어 낸
# 역사 덕후

## 『조선왕조실톡』

『조선왕조실톡』이라는 역사 웹툰을 알고 있니? 2014년 12월 시작된 이 웹툰은 4년 가까이 연재되면서 큰 인기를 끌었어. 단행본으로 출간된 데다가 텔레비전 드라마로도 제작되었으니 이 웹툰의 인기가 어느 정도였는지 짐작이 되지 않니? 웹툰 작가는 고등학생 시절, 조선의 22대 왕 정조를 너무 좋아해서 정조의 팬클럽을 만들었다고 해. 아이돌 팬클럽은 많이 들어 봤을 테지만 정조의 팬클럽이라니 참으로 독특하지? 정조에 대한 관심은 작가가 역사 공부에 빠져든 계기가 되었어. 결과적으로 역사를 소재로 한 웹툰을 만들었는데 누리꾼들에게 큰 관심을 받으며 대박을 터뜨린 거야. 그런데 왜 웹툰의 이름을 '조선왕조실록'이 아니라 '조선왕조실톡'이라고 붙였을

단행본으로 출시된 『조선왕조실톡』

까? 그건 바로 오늘날 널리 사용되는 모바일 메신저 어플리케이션인 카카오톡의 대화 방식을 빌려 『조선왕조실록』의 역사적 사실을 전달했기 때문이야. 그러니까 '조선왕조실록'과 카카오톡의 이름을 조합해서 '조선왕조실톡'이라고 한 거지.

『조선왕조실톡』은 인물들의 일화를 중심으로 해서 조선 시대 역사를 말해 주고 있어. 웹툰의 마지막 부분에는 일화마다 다루었던 역사적 사실을 정리하는데, 실제 기록에 있는 내용과 작가가 꾸며 쓴 부분을 밝히고 있단다. 예컨대 세종의 한글 반포나, 1447년 성종이 실시한 재혼금지법 등과 같은 국가의 정책을 당시 사람들이 어떻게 받아들였을지 작가 나름으로 상상해서 표현하기도 했어. 한편으로는 지금까지는 잘 몰랐던 과거의 세세한 사실을 알려 주기도 해. 당시에도 오늘날의 변호사처럼 일정한 금액을 받고 변론을 맡아 주던 '외지부'가 있었다는 사실, 과거를 치르는 수험생들이 준비하던 답안지 종이가 경쟁적으로 화려해지자 숙종이 이를 너무 호화롭게 하지 못하도록 금지한 사실, 우리가 잘 알고 있는 충무공 이순신의 곁에는 한자로는 다르지만 한글로는 같은 이름의 또 다른 이순신이 함께했다는 사실 등 일상적이고 소소한 소재를 가지고 역사 속 장면을 보여 주기도 한단다.

작가는 한 회의 웹툰을 그리기 위해서 『조선왕조실록』이나 『승정원일기』와 같은 조선 시대 사료를 참고하였다고 해. 『조선왕조실톡』은 역사 선생님들의 수업 자료나 학생들이 시험을 대비하기 위해 학습 내용을 정리하는 데 활용되기도 했어. 그런데 줄임말이나 맞춤법에 맞지 않는 표현, 비유적인 표현이나 이모티콘의 사용 등 카카오톡의 표현 방식이 역사를 이해하고 정리하는 데 방해가 되지 않을까? 아마도 이러한 대화 방식에 익숙하지 않은 어른들은 그럴 수도 있을 거야. 그렇지만 청소년들은 이런 언어 표현이 역사 공부에 별다른 지장을 주지 않나 봐. 웹툰의 댓글 중에는 오히려 역사적 사실이 머릿속에 쏙쏙 더 잘 들어온다는 반응도 찾아볼 수 있단다. 그렇다면 이 웹툰의 인기는 얼마든지 인터넷 매체를 활용하여 역사를 공부할 수 있다는 것을 보여 주는 증거가 될 수 있지 않을까?

## 역덕과 밀덕

2021년 국립고궁박물관에서는 〈조선 왕실 군사력의 상징, 군사 의례〉라는 특별 전시회가 열렸어. 그런데 한 신문에서는 이 전시회를 소개하는 기사에 "'역덕', '밀덕'을 부르는 특별전"이라는 제목을 붙였어. '역덕'과 '밀덕'이라는 말의 뜻을 아니? 어쩌면 너희에게는 익숙한 말일지도 모르겠구나. 역덕은 '역사 덕후'를 줄인 말이고, 밀덕은 '밀리터리 덕후'를 줄인 말이야.

'덕후'라는 말은 어떤 한 분야에 매우 열중하는 사람을 일컫는 일본어 '오타쿠'를 한

〈조선 왕실 군사력의 상징, 군사 의례〉 전시회 포스터

국식 발음으로 줄여서 부른 것에서 유래한단다. 대개 만화, 애니메이션, 게임, PC, 피규어 등 다양한 분야에도 남다른 애정과 관심을 지닌 덕후들이 존재하지. 그러니까 역사 덕후는 '역사에 흥미를 느끼며 열중하는 사람'을 가리키는 말이라고 할 수 있어. 가령 역사 속의 복잡한 전쟁의 전개 양상을 보고 전쟁의 역사에 푹 빠지게 된 친구들이 있어. 또 역사 속 위인의 행동에 감동했거나 부당한 사회 구조나 제도를 바꾸기 위해 저항한 사람들을 더 알고 싶어 역사 공부에 매진하게 된 역사 덕후들도 있지. 역사 덕후들이 가장 많은 관심을 보이는 분야는 단연 전쟁사야. 마찬가지로 군사 작전이나 전술, 무기를 탐구하는 것을 즐기는 '밀덕'도 '전쟁사'에 큰 흥미를 느끼는 경우가 많단다. 우리 주변에서 '밀덕'이 전쟁사를 통해 '역덕'이 되는 경우도 흔히 찾아볼 수 있단다.

## 역사 덕후는 어떻게 역사 공부를 할까

인터넷이 발달하면서 우리는 그 어느 때보다 빠르고 간편하게 지식에 접근할 수 있게 되었어. 공부를 하다가 잘 모르는 것이 생기면 언제 어디서나 인터넷을 통해 설명을 찾아볼 수 있고, 동영상이나 그림, 만화나 웹툰 등을 통해 쉽고 재미있게 공부할 수 있게 되었지. 그렇다면 역사 덕후들은 인터넷을 어떻게 역사 공부에 활용할까? 잠시 평소 학교 역사 수업 시간을 떠올려 볼까? 학교 역사 수업에서는 한정된 시간과 제한된 교과서 내용 때문에 어떤 역사적 사실이나 주제를 깊이 있게 다루기는 어려워. 그런데 역사 덕후들이 보는 인터넷 자료에는 특정 주제나 사건을 구체적이고 꼼꼼하게 다루는 경우가 많아. 더구나 그 내용을 읽다가 잘 모르는 역사적 사실이 나오거나 더 궁금한 내용이 생기면 곧바로 검색해서 찾아볼 수도 있지. 이처럼 역사 덕후들은 인터넷에서 역사 공부를 하면서 자신이 좋아하는 역사 주제에 대한 지식의 깊이를 더하고, 관심의 폭을 넓히게 되는 거야. 인터넷이 아닌 학교 공부나 역사책을 읽을 때도 이런 식으로 공부하면 역사에 대한 우리들의 흥미도, 역사에 대한 지식도 쑥쑥 자라나지 않을까?

## 2

# 디지털 시대의
# 새로운 역사 공부법
# 파헤치기

**역사 자료의 창고**

세종 대왕과 이순신은 우리가 가장 존경하는 역사 인물이지. 그런데 조선 시대에는 이순신과 세종 대왕을 어떻게 평가했을까? 그런 이야기는 들어 본 적도 없다고? 아마 그럴 거야. 교과서건 역사책이건 그런 내용은 나오지 않으니까. 그렇다면 조선 시대에 이 두 사람을 어떻게 이야기하고 있는지 우리가 직접 찾아보면 어떨까? 『조선왕조실록』을 볼 수 있는 인터넷 사이트(db.history.go.kr)에 들어가 '세종'이나 '이순신'을 검색어로 입력하고 어떤 내용이 나오는지 살펴보자꾸나.

우리는 클릭 몇 번으로 세종 대왕이 장영실에게 새로운 시계를 만들도록 하였다던가(세종 16년 7월 1일), 훈민정음을 창제하고(세종 25년 12월 30일) 이후 과거 시험에

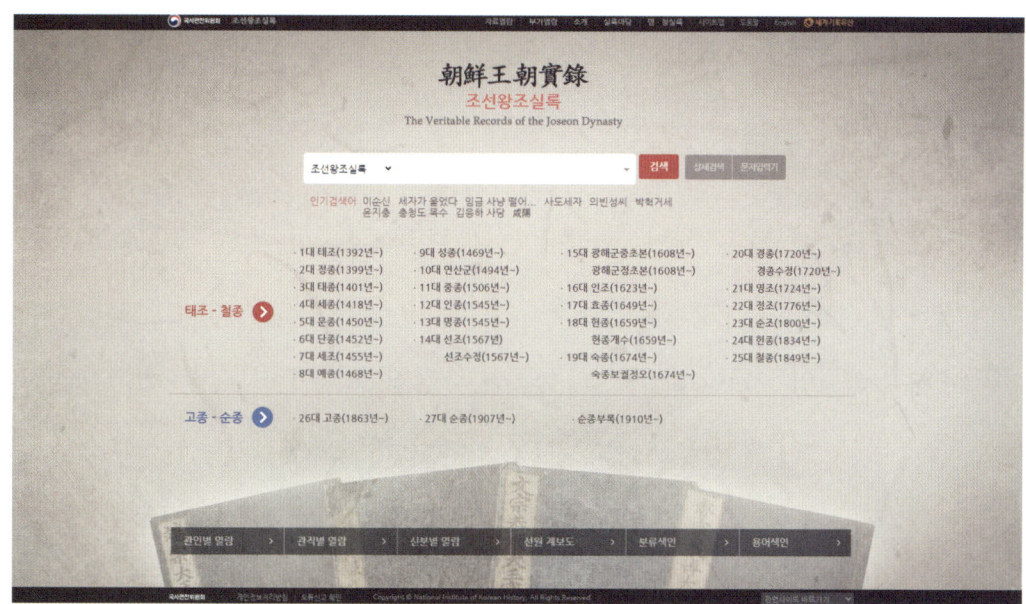

조선왕조실록을 볼 수 있는 인터넷 누리집

서 훈민정음과 관련된 문제를 내도록 한 사실을 알 수 있어(세종 28년 12월 26일). 그뿐만 아니라 그 당시 훈민정음을 반대한 사람들이 있었다는 것도 알 수 있지.

『조선왕조실록』의 선조 25년의 기사에는 이순신이 임진왜란에서 이룬 승리가 기록되어 있어. 선조는 이순신의 공을 높이 사 관직을 높여 주기도 하지. 그렇지만 나날이 높아지는 이순신의 영향력을 의식해서일까? 선조 30년의 기록에서 신하들은 이순신이 "남의 공을 빼앗으려 한다"거나 적선이 쳐들어왔지만, 적극적으로 적을 토벌하지 않아 처벌받아야 한다고 말하고 있어(선조 30년 2월 4일). 결국 선조는 이순신을 체포하라 명을 내리지(선조 30년 2월 6일).

어때? 우리도 역사학자들처럼 『조선왕조실록』을 직접 검색해서 당시 상황을 생생하게 상상해 볼 수 있지? 『조선왕조실록』이 디지털화되어 있지 않으면 엄두를 내기 어려운 일일 거야. 직접 도서관에 가서 그 두꺼운 책을 일일이 살피면서 확인해야 했을 테니까.

우리는 인터넷 검색을 통해서 『조선왕조실록』이나 『고려사』 같은 역사 사료뿐 아니라 역사 연구 결과나 이를 정리한 내용도 쉽게 찾아볼 수 있어. 역사 덕후들은 인터넷에서 평소 관심이 있었던 인물, 사건 등을 검색하거나, 역사적 사건의 배경이나 인물, 사건에 대해 어떤 해석이 있는지 찾아볼 거야. 또한 문화재청이나 박물관에서 제공하는 다양한 사진과 동영상 자료들을 통해 유적지에 직접 가지 않아도 가상 답사를 떠날 수 있게 되었지. 인터넷은 이처럼 우리가 역사를 공부하고 체험하는 자료를 무궁무진하게 담고 있는 보물창고와 같아.

## 직접 만드는 역사 지식

인터넷을 통해 역사를 공부하게 되면서 이전의 역사 공부와는 어떤 차이가 생겼을까? 이전에는 역사책에 쓰여 있거나 선생님이 설명해 주는 역사적 사실을 그대로 기억하는 것이 역사 공부였어. 그런데 이제는 너희 스스로 역사적 사실을 찾아서 친구들에게 전달해 주지 않니? 만약 역사를 좋아하는 친구들이 모여서 활동하는 인터넷 공간이 있다면, 여기에 자신이 알고 있는 역사적 사실을 올리기도 할 거야. 그러면 아마 그 글에 공감을 표하거나 칭찬을 하는 사람들도 있고, 해석이나 평가를 달리하는 댓글이 달릴 수도 있겠지. 이는 저마다의 생각이나 의견을 적극적으로 교환하는 과정이야. 평소 자신이 알고 있거나 공부한 역사 지식을 확인하고 비판적으로 생각하는 기회이기도 하고.

덕후들이 직접 참여하여 지식을 만드는 대표적인 공간이 위키백과와 유튜브야. 누구나 위키백과에 자유롭게 접속해서 지식과 정보를 올리고, 기존에 등록된 지식과 정보를 수정하거나 편집할 수 있어. 유튜브는 최근에 역사 덕후들이 활발하게 활동하는 인터넷 공간이란다. 역사 덕후들은 자신이 평소 관심 있는 역사적 사건이나 인물, 전쟁 등을 소재로 동영상을 제작하여 유튜브에 올려. 짧게는 5~10분, 길게는 20~30분에 이르는 영상 속에 그림, 사진, 지도 등을 적절하게 편집하여 구독자들이 쉽고 재미있게 역사적 사실을 이해하도록 한단다.

이처럼 역사 지식을 만들고 수정하는 것은 역사 덕후들이 그동안 쌓은 지식을 마음껏 뽐낼 수 있게 해. 인터넷이나 정보 통신 기술의 발달은 역사 덕후들이 역사 지식을 획득하는 방법뿐만 아니라 알고 있는 지식을 활용하여 또 다른 역사 지식을 만들고 소통하는 방식에도 영향을 주었단다. 물론 그에 따른 문제점에도 주의해야 할 거야. 위키백과나 유튜브는 누구나 참여해서 정보를 만들거나 수정할 수 있는 만큼, 잘못하면 정확하지 않은 정보가 실리거나 특정 견해가 마치 일반적인 역사 해석인 것처럼 보일 수 있단다.

## 체험을 통한 역사 공부

혹시 학교 수업 시간에 스마트폰을 사용해서 공부를 한 적이 있지 않니? 최근에는 대부분의 사람이 가지고 있는 스마트폰을 가지고 하는 역사 공부법도 나오고 있어. 특히 문화유산 학습을 좋아하는 역사 덕후들이 환영할 만한 스마트폰 어플리케이션이 많이 개발되고 있어.

캡처한 화면은 한국과학창의재단에서 개발한 'AR 우리과학문화유산'이라는 학습용 어플리케이션이야. 너희들은 교과서에서 수많은 문화유산을 보았을 거야. 문화유산을 학습하고 나면 보통 무엇이 기억이 남니? 문화유산이 우수하다는 생각? 그

한국과학창의재단의 'AR 우리과학문화유산' 어플리케이션

런데 정작 이러한 문화유산이 어떤 점에서 가치가 있는지, 옛사람들이 이러한 문화유산을 왜 만들었고 어떻게 사용했는지는 머릿속에 잘 떠오르지 않을 친구들도 많을 것 같구나. 무슨 뜻인지 이해되지 않는 긴 문화유산의 이름을 기억하는 것이 힘들지도 모르지.

이 어플리케이션은 우리나라 고유의 시계나 무기에 담겨 있는 과학적 원리와 역사적 사실을 우리에게 알려 준단다. 더불어 증강현실 기법을 활용하여 실제 눈앞에 문화유산이 있는 것처럼 느끼게 하고, 확대나 축소, 회전하면서 관찰해 볼 수도 있어. 한국과학창의재단에서 운영하는 누리집에 들어가 과학 문화유산 마커를 인쇄한 후 'AR 우리과학문화유산' 어플리케이션으로 마커를 비추면 앙부일구(해시계), 휴대용 앙부일구, 자격루(물시계), 길이가 5.6미터에 달하는 로켓인 대신기전, 화약을 발사하는 화차, 오늘날 권총과 비슷한 세총통 등 여러 가지 과학 문화유산이 눈앞에 펼쳐진단다. 이 어플리케이션을 활용하여 시계와 화약 무기의 작동 원리 및 내부 구조, 사용 방법 등을 학습할 수 있지. 또한 휴대용 앙부일구를 활용하여 직접 시간을 확인해 보고, 화약을 배합해 보는 실험도 해 볼 수도 있단다.

최근에는 박물관에서도 과학 기술을 활용하여 직접 문화유산을 만들어 보는 기회를 제공하고 있어. 예컨대 전라남도 강진의 고려청자박물관에서 운영하는 '고려청자디지털박물관(www.celadon.go.kr)'에 접속하면 청자의 모양을 선택하고 무늬를 새겨 넣어 나만의 고려청자를 만들 수 있단다. 또 박물관에 직접 방문하면 터치스크린 기기를 사용하여 청자의 모양, 무늬, 이름을 선택하여 가상의 고려청자를 만들어서 가상 공간에 전시할 수도 있어. 자신이 만든 가상의 고려청자를 다른 사람에게

전라남도 강진의 고려청자박물관과 고려청자디지털박물관에서 나만의 고려청자를 만드는 모습

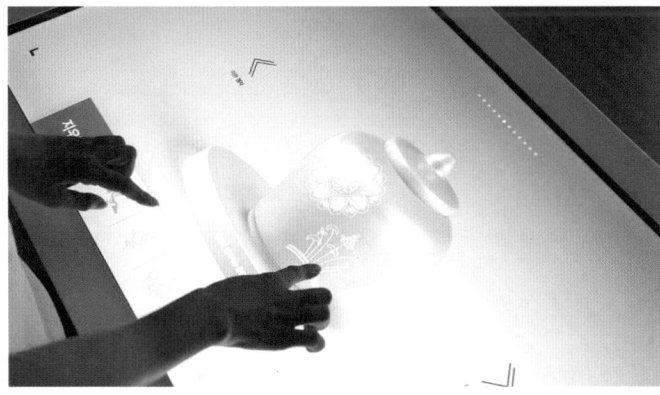

소개하고, 다른 사람이 만든 청자를 감상할 수도 있는 거지. 과학 기술을 활용하여 고려청자 장인이 되어 보는 거야. 이쯤 되면 '역사 공부는 과거에 있었던 역사적 사실을 직접 체험하는 거야'라고 말해야 하지 않을까?

# 3
# 슬기로운 디지털 역사 공부 생활

## 교과서와 인터넷 역사 정보의 차이

한 역사 교육 단체에서 초·중·고등학생들을 대상으로 "평상시 여러분은 어디에서 역사 지식을 얻나요?"라는 물음으로 설문 조사를 한 적이 있어. 그 결과는 어땠을까? 쉽게 예상할 수 있듯이 '교과서와 학교 수업'을 통해 역사 지식을 얻는다는 응답이 가장 많았어. 인터넷이 발달하고, 이를 통해 정보를 얻는 기회가 확대되고 있지만, 여전히 학교 수업과 교과서가 역사 학습의 주된 통로인 걸 알 수 있어.

세계 각국에서는 체계적인 역사 교육과 질 높은 역사 교과서를 만들기 위해 많은 노력을 기울이고 있지. 한국의 경우, 교과서는 역사 교육의 목표, 내용, 방법을 명시한 교육 과정이라는 문서를 근거로 만들어지는데, 이 교육 과정은 그동안 이루어진 역사학계의 연구 성과나 교육 이론을 토대로 하고 있어. 완성된 교과서가 학교에서 사용되기 전에 오류가 없는지 심사하는 절차도 거친단다.

이런 과정을 거쳐 교과서가 만들어지기 때문일까? 학생들이 역사 교과서에 실린 내용이 다른 책이나 인터넷 등에서 본 내용보다 더 정확하다고 생각하는 경우를 종종 찾아볼 수 있어. 실제 학생들을 대상으로 한 조사 연구도 이러한 사실을 뒷받침해 주고 있단다.

학교에서 배우는 역사 교과서는 일상에서 접하는 인터넷 역사와는 어떤 차이가 있을까? 다음은 인터넷 '위키백과'에서 임진왜란을 설명하는 내용 중 한 장면이야.

위키백과의 임진왜란 항목

교과서와 인터넷 위키백과 모두 임진왜란이 1592년에 일본이 조선을 침략하면서 일어난 사건임을 밝히고 있어. 그런데 교과서는 한 장의 지면 속에 임진왜란이 일어난 당시의 상황을 효과적으로 나타내야 하기 때문에 몇몇 역사적 사실을 중심으로 설명하는 경우가 많아. 또 만화나 삽화를 활용하여 독자인 학생들의 이해를 돕기도 한단다.

반면 인터넷 역사는 시간과 장소의 제약을 받지 않아. 위키백과에는 조선, 일본, 명나라의 상황에서 임진왜란이 일어나게 된 원인과 배경을 각각 설명하고 있어. 또한 각각의 나라에서 임진왜란을 어떻게 부르는지 소개하거나 일부 개념을 하이퍼링크로 연결하여 읽는 사람이 궁금한 내용을 클릭해서 찾아볼 수 있도록 했어.

## 블로그와 유튜브가 역사 정보를 전달하는 방식

인터넷에서 어떤 정보나 깊이 있는 지식을 얻으려고 할 때 가장 먼저 떠오르는 것은 무엇일까? 아마도 블로그나 유튜브가 아닐까 싶어. 역사 블로그에서는 자세한 설명, 사진이나 사료 등의 자료, 거기에 창작자의 자유로운 역사 해석까지 매우 다양한 내용을 담고 있단다. 해당 분야의 역사 전공자를 떠올리게 하는 수준의 내용도 많아. 근래에는 유튜브와 같은 웹사이트를 통해 역사 정보를 얻는 친구들도 많지? 얼마 전 초등학생들이 선호하는 직업 중 하나로 온라인 콘텐츠를 제작하는 크리에이터가 급부상하고 있다는 기사가 보도된 적이 있어. 실제로 요즈음 초등학생들도 스마트폰으로 다양한 콘텐츠를 만들어 개인 SNS 등에 활발히 올리는 것 같아. 너희들은 인터넷에서 역사 정보를 찾을 때 어떤 방법을 주로 활용하니? 블로그와 유튜브의 전달 방식의 차이를 안다면, 좀 더 효과적으로 인터넷 역사 정보를 이용할 수 있지 않을까?

먼저 블로그 속 역사를 한번 살펴볼까? 이전에는 국사편찬위원회나 문화재청 같은 공식적 학술 연구 기관 누리집에 접속해야만 전문적인 역사 정보를 볼 수 있었어. 그러나 요즘에는 일반 포털 사이트에만 접속해도 개인이 운영하는 역사 블로그를 쉽게 찾아볼 수 있단다. 역사 블로그에서는 대개 글과 사진을 통해 역사 정보를 전달해. 그중에서도 역사적 인물, 사건에 대한 설명 대부분은 글로 전달하고 관련된 사진이나 도표 등을 덧붙여 우리의 이해를 돕지. 블로그는 일반 포털 사이트에서도 검색을 통해 연결되기 때문에 특정 인물이나 개념, 역사적 사건에 대한 보충 설명이 필요할 때, 편리하게 활용될 수 있어. 동북아역사재단이나 문화재청 같은 전문 기관들도 역사 정보를 제공하는 블로그를 공식적으로 운영하고 있으며, 포털에서는 정보 검색을 쉽게 할 수 있도록 이런 기관이나 단체들의 블로그를 '공식 블로그'로 별도로 분류하고 누리집과 직접 연결하기도 한단다.

많은 사람들이 즐겨 찾는 유튜브도 역사 공부를 하는 데 도움이 될 수 있단다. 같은 역사적 사실을 다루는 유튜브 영상이 많고 내용도 다양해서 그 특징을 하나로 말할 수는 없어. 교과서와 마찬가지로 역사적 사실을 충실히 전달하는 영상도 있는 반면, 특정 주제를 여러 번 나누어 깊이 있게 설명하는 채널도 있어. 유튜브는 글보다는 영상이 차지하는 비중이 더 높아. 영상은 비교적 짧은 시간에 풍부한 역사 정보를 전달

동북아역사재단 누리집(위)과 문화재청의 블로그(아래)

하기 위해 다양한 자막, 효과음, 자료 등을 적절하게 배치하여 내용을 설명하지. 유튜브에 다양한 길이로 영상물을 편집하여 업로드하기 때문에 평상시 알고 싶은 내용만을 골라 살펴보는 데 유용하게 사용될 수 있어. 더욱이 유튜브에는 현재 내가 보고 있는 영상과 관련된 영상이 그 아래 목록에 제시되거나 자동 재생되는 경우가 많아 또 다른 역사 학습으로 이어지는 경우도 종종 있어.

블로그나 유튜브를 통해 전달되는 역사는 시간순으로 역사적 사실을 전달하는 것이 아니라 작성자의 관심과 흥미에 따라 특정 인물, 사건, 시대를 집중 조명하는 경우가 많아. 특정 주제를 집중적으로 다룬다는 점에서 깊이 있는 학습이 일어나는 밑바

탕이 될 수 있어. 그렇지만 그런 역사일수록 제작자의 견해가 강하게 들어가는 경우가 많아. 경우에 따라서는 제작자가 만든 내용을 뒷받침할 만한 사실만을 선택하거나, 그 내용에 맞춰서 해석을 하기도 하지. 블로그는 구체적이고 전문적인 설명 때문에 믿음이 가서 그 내용을 전적으로 사실로 받아들이게 되는 경향이 있어. 유튜브의 경우, 이해를 돕는 사진, 도표, 자막 등의 이미지가 영상의 중간 중간에 들어가 있으므로 내용에 더욱 빠져들게 돼. 그러기에 블로그나 유튜브로 역사를 공부할 경우 그 내용의 근거나 정확성을 확인하는 습관을 가질 필요가 있어. 그리고 영상의 내용은 변하지 않는 절대적인 내용이 아니며 제작자가 자신의 생각을 담아서 만들었다는 점을 염두에 두는 것도 중요하겠지.

## 인터넷을 통해 역사를 공부할 때 어떤 점에 주의해야 할까?

몇 년 전, "5·18 민주화 운동은 북한군의 소행이다"라는 가짜 역사가 등장한 적이 있었어. 1980년 당시 정권을 잡은 사람들은 5·18 민주화 운동을 '폭동'이라고 주장했지만, 오랜 시간 동안 많은 이들의 노력으로 진상이 밝혀지고 민주화 운동으로 자리 매김하게 되었어. 더욱이 5·18 민주화 운동 기록물이 유네스코 세계기록유산으로 등재되었고 국가에 의한 폭력과 인권 탄압에 대한 반성 및 재발 방지를 위해 전 세계가 힘을 모으고 있는데도 버젓이 가짜 역사가 만들어진 거야. 물론 이 가짜 역사는 터무니없는 이야기지만, 인터넷을 타고 많은 SNS상에서 공유되었어.

사실과는 동떨어진 가짜 역사는 우리나라에만 있는 것은 아니야. 미국이나 유럽에서는 수백만 명의 유대인들을 죽음으로 몰고 간 '홀로코스트'는 존재하지 않았다는 가짜 역사가 SNS상에 돌아다녔으며 심지어 홀로코스트를 찬양하거나 왜곡하는 게시물도 쉽게 찾아볼 수 있었어.

사실이 아닌데도 사회와 많은 사람들에게 전달되는 소식을 '가짜 뉴스'라고 불러. 인터넷 매체가 발달한 오늘날에는 가짜 뉴스의 영향력이 점점 더 커지고 있지. 인터넷과 같은 과학 기술은 누구나 쉽게 정보에 접근하고 새로운 지식을 쉽게 공유할 수 있게 해 주었지만, 사실과는 다른 가짜 뉴스나 사실이 확인되지 않은 소문을 널리 퍼뜨리는 결과를 가져오기도 했어. 이 가짜 뉴스의 소재는 정치나 경제, 사회 전반의 문제가 많지만, 때로는 역사적 사실에 대한 가짜 뉴스가 등장하기도 해. 인터넷에서 점차 많은 역사 정보를 얻는 요즈음 어떻게 해야 가짜 역사의 늪에 빠지지 않을 수 있을까?

가짜 역사는 터무니없는 내용인 경우도 있지만 간혹 그럴듯한 스토리와 증거를 제시하는 모양새를 갖추고 있어서, 실제 사실과 구분하기 어려울 때도 있어. 때로는 실제 일어난 일과 가짜 역사를 교묘하게 섞어서 만들기 때문에 실제 그대로의 역사적 사실로 느껴지기도 해. 가짜 역사는 사람들에게 근거가 없는 사실을 실제로 일어났던 일처럼 전달하기도 하고, 역사를 왜곡하여 지난날의 잘못된 행위를 미화하거나 심지어 폭력을 정당화하기도 해. 사회를 혼란스럽게 만들 수도 있지. 그래서 이를 막으려는 움직임도 나오고 있어. 트위터나 페이스북과 같은 전 세계 사람들이 사용하는 소셜 미디어는 홀로코스트와 관련된 가짜 역사를 게시하는 경우 즉각 삭제한다는 방침을 발표했어. 독일에서는 제2차 세계대전을 일으킨 장본인이자 수만 명의 사람들을 죽음에 이르게 한 나치를 찬양하는 행위를 법으로 금지하고 있어. 나치를 상징하는 표시를 장식물로 꾸미는 것조차 처벌받는단다. 이와 관련된 가짜 역사를 인터넷에 올리는 것은 더 큰 범죄 행위가 될 수 있어. 싱가포르는 가짜 뉴스를 유포하는 사람에게 최대 징역 10년 혹은 벌금 8억 4천만 원을 부과하는 법안을 통과시켰단다. 한국에서도 가짜 역사 금지법을 제정하려는 움직임이 일어나고 있어. 5·18 민주화 운동에 대한 허위 사실을 퍼뜨리는 것을 법으로 금지하였으며, 더 나아가 일제의 전쟁 범죄와 해방 이후의 민주화 운동, 세월호 사건 등 역사적 사실 전반을 왜곡하고 피해자의 명예를 훼손하는 행위를 처벌할 수 있도록 하는 법안들의 제정이 추진되고 있어. 그렇지만 인터넷상의 의사 표현을 법으로 막는 것에 대한 우려도 만만치 않아. 자칫 잘못하면 자유로운 의사 표현을 가로막을 가능성도 있기 때문이지.

  법으로 강제로 막는 것 못지않게 가짜 뉴스를 가려낼 수 있는 판단 능력이 중요하단다. 인터넷에서 역사 정보를 얻을 때는 만든 사람이 누구이며, 어떤 목적으로 만들었는지를 살펴보고, 주장의 근거와 출처가 무엇인지 따져 볼 필요가 있어. 무엇보다도 끊임없이 비판해 가면서 정보를 읽는 습관이 필요하지. 여기서 비판이라는 말은 내용을 무조건 부정한다는 것이 아니야. 평상시 알고 있었던 것과 다른 역사적 사실이 있거나 의구심이 드는 부분이 있다면 정확성과 타당성을 확인해 가며 정보를 받아들이는 것을 의미한단다. 때로는 다른 역사 정보와 비교하면서 지금 보고 있는 내용이 사실인지 판단하고, 거기에 들어 있는 주장이 타당한지 따져 보는 것이 중요해.

◆ 우리 함께 생각해 보아요 ◆

# 역사 속에도 '가짜 뉴스'가 있었을까요?

**조선 왕조가 망하고, 정씨 성을 가진 사람이 나라를 세울 것이다**

조선 후기, 한 권의 책이 사람들 사이에서 인기를 끌었어. 책에는 여러 가지 비밀스러운 기록과 미래를 예언하는 내용, 땅의 기운이 사회와 사람들에게 어떻게 좋고 나쁜 영향을 미칠 것인지를 예언하는 내용이 담겨 있어. 그러나 무엇보다도 백성들 사이에서 이 책이 그야말로 베스트셀러가 된 이유는 따로 있었어. 그것은 바로 "조선 왕조가 망하고 정도령이라는 영웅이 나타나 계룡산에서 새로운 나라를 세운다"는 내용 때문이었어. 이 책은 『정감록』이라는 예언서야. 이 책의 내용은 별다른 근거가 없었으며, 이런 일이 일어날 가능성도 거의 없었어. 그런데도 많은 백성들이 이 책을 읽었으며, 책의 내용은 입에서 입으로 전해졌단다.

『정감록』의 영향을 받아 조선 후기에는 정씨 성을 가진 이를 왕으로 세우려는 역모가 많이 발생했어. 예를 들어 정조 때는 지리산을 중심으로 대규모 반란을 준비하던 세력들이 정씨 성을 가진 사람이 나와서 전국을 통일하고 새로운 나라를 세울 것이라는 소문을 퍼뜨려 동조자를 모으려고 했어. 이들은 전국에 『정감록』을 유포하여 백성들이 자신들과 뜻을 같이 하길 바랐어. 하지만 역모 사건은 실행에 옮기기 전에 발각되어 실패에 그쳤단다. 그런데 당시 이 소문을 믿고 지리산 아래로 실제 피란온 사람들도 상당수가 되었어. 아무런 근거가 없는 소문이었지만 『정감록』이 사람들 사이에서 상당한 영향을 주었음을 알 수 있지.

당시 백성들 사이에서 『정감록』이 이처럼 유행하던 까닭은 무엇 때문이었을까? 조선 후기는 사회 전반이 혼란스러운 시기였어. 신분제가 흔들리고 경제적 상황도 크게 변화하였어. 이 기회를 이용해서 일부 농민들은 돈을 모으고 양반으로 신분이 상승했지만, 많은 백성들은 어려움을 겪었지. 그런데 조선 조정은 이런 변화에 제대로 대처하지 못했어. 오히려 왕의 인척들이 권력을 장악하고 자신의 이익만을 위해 나랏일을 마음대로 하는 바람에 정치 기강이 크게 흔들렸단다. 지방의 관리들은 나라를 운영하는 데 사용될 세금을 중간에 가로채거나 백성들에게 세금을 더 거두어 자신들의 배를 불리는 일이 흔했어. 그런데 조정에서는 이를 해결하기 위한 대책을 마련하지 못했던 거야. 오히려 이런 탐관오리들에게 돈을 받고 관직을 파는 일도 잦았을 정도였어.

이런 사회 현실에서 백성들은 기존의 나라가 무너지고 통치자가 바뀌어 새로운 세상이 오길 바랐을 거야. 그래서 이야기가 설득력이 있건 없건 간에 『정감록』의 내용을 믿고 싶었겠지. 옛날에는 이런 일들이 종종 일어났단다. 조선

후기 사람들은 벽서 또는 괘서라는 익명의 글을 벽에 써 붙여 각종 소문을 퍼뜨렸단다. 벽서나 괘서에는 탐관오리의 횡포를 폭로하는 글이나 백성의 어려움을 호소하는 글이 다수를 차지했어. 때로는 조정을 비난하고 백성들을 선동하기도 했단다. 나라에서는 글을 쓰거나 옮긴 사람은 물론 보관하고 있는 사람까지도 중벌에 처하는 등 엄격히 규제했지만, 벽서나 괘서는 좀처럼 줄어들지 않았다고 해.

벽서나 괘서의 내용에는 진짜 뉴스와 가짜 뉴스가 섞여 있어. 그렇지만 조선 시대 벽서와 괘서가 어떤 내용이었고, 그중 진짜 뉴스와 가짜 뉴스가 무엇인지 일일이 알 필요는 없어. 당시 왜 벽서나 괘서가 유행했는지 생각하는 것이 더 중요하다 할 수 있어. 이를 통해 당시 나라가 혼란스럽고 가난한 백성들의 삶이 무척 힘들었다는 것은 알 수 있겠지. 가난하고 힘없는 백성들이 할 수 있는 것은 어쩌면 조선이라는 나라가 망하고 자신을 구원해 줄 새로운 영웅이 나타나

길 바라는 것밖에 없었는지도 몰라. 오늘날 인터넷의 '가짜 뉴스'와는 달리 역사 속의 가짜 뉴스 중에는 당시 사회에 긍정적인 기능을 하거나 우리가 역사를 이해하는 데 도움이 되는 내용도 있어. 그렇게 해서 역사 속의 어떤 '가짜 뉴스'는 또 하나의 역사적 사실이 되는 거야. 그렇지만 역사 속의 '가짜 뉴스'도 다른 사람을 부당하게 공격하거나 자신의 부당한 목적을 이루기 위해 만들어 낸 것들이 많아. 그런 사례를 하나 더 살펴보도록 하자.

**명성 황후 시해 사건 = 흥선 대원군과 해산 위기의 군인들이 일으킨 쿠데타?**
1895년 10월 8일 일본의 자객들이 경복궁에 들어와 명성 황후를 무참히 죽인 사건이 일어났어. 게다가 명성 황후를 죽인 이들은 시체에 불을 질러 살인의 흔적을 없애려 하였어. 일본인들은 왜 한 나라의 왕비였던 명성 황후에게 이런 잔혹한 범죄를 저지른 것일까?

당시 조선은 주변 국가들에게 정치적으로 간섭을 받고 있었어. 청과 일본이 전쟁을 벌여 일본이 승리하자 일본의 영향력은 더욱 커지게 되었지. 조선 정부는 점차 세력을 확장하고 있던 러시아의 힘을 빌려 일본을 견제하려고 했어. 그러자 일본은 이런 상황에서 벗어나기 위해 러시아와 손을 잡는 데 적극적이었던 명성 황후를 살해한 것이란다.

조선 전체가 놀랄 만한 이 사건은 곧바로 『한성신보』라는 신문에 보도되었어. 그런데 이 보도 내용이 참로 기가 막힐 노릇이야. 조선군 내부의 갈등으로 일부 군인들이 쿠데타를 일으켰으며, 이들을 조종한 것은 고종 및 명성 황후

명성 황후 시해 사건에 가담하고 왜곡 보도한 『한성신보』 관계자들의 모습

와 갈등 관계에 있던 흥선 대원군이라는 거야. 조선군 부대까지 충돌을 일으켜 궁궐 내에서 난리가 일어났고 고종과 세자는 무사하지만 명성 황후의 행방은 알 수 없다고 전하였어. 혼란스러운 인파에 뒤섞여 명성 황후가 충주로 피란을 갔을 것이라는 예측도 덧붙이면서 말이야.

도대체 왜 이 신문은 이처럼 가짜 역사를 퍼뜨렸던 걸까? 『한성신보』는 일본의 조선 침략을 위한 선전과 여론 조성 목적으로 일본인이 만든 신문이야. 신문을 발간하는 자금은 일본 정부가 지원했어. 그래서 일본인이 저지른 명성 황후 시해를 대원군이나 조선군 훈련대의 소행인 것으로 왜곡한 것이지. 『한성신보』는 여기에서 더 나아가 고종을 국정을 제대로 운영하지 못하는 무능한 인물로, 명성 황후 역시 부정부패를 일삼는 민씨 세력의 우두머리로 부정적으로 묘사하였어.

    그렇지만 조선 사람들 사이에서는 『한성신보』의 보도와는 다른 방향으로 명성 황후 시해에 대한 소식이 퍼져 나가고 있었어. 큰 사건이 발생한 것을 느낀 정부 관리와 학생 들은 서둘러 시골로 몸을 피하였지. 『한성신보』는 조선 사회를 안정시키기 위해 또 한번 가짜 뉴스를 퍼뜨렸어. 거리에 떠도는 소문을 믿지 말고 돌아와 평소처럼 자신의 일에 전념하길 권하면서 한성을 떠난 사람들이 다시 돌아오고 있다고 보도하였지.

    예나 지금이나 가짜 뉴스에는 음흉한 목적이 감춰져 있는 경우가 많아. 누군가가 만든 역사적 사실을 접할 때, 만든 사람이 누구인지, 실제 있었던 사건인지, 역사 해석이 타당한지, 다른 역사 기록과 비교해 가며 읽는 습관이 왜 중요한지 느끼게 된 계기가 되었으면 좋겠구나.

◆ 해 보아요 ◆

## 인터넷을 검색하여
## 우리 고장 역사 인물 정보를 만들어 보아요

인터넷을 활용해서 우리 고장에서 살았던 역사 인물의 정보를 만들어 볼까? 조사할 만한 고장의 역사 인물은 대개 인터넷 사전에도 나올 거야. 그런데 오늘 우리가 만들어 볼 인물 정보에는 사전에 나오는 기본 정보 외에, 인물 연표를 제작하고, 인물과 관련한 역사 기록을 찾아서 자료로 덧붙일까 해. 그러면 읽는 사람들도 스스로 인물의 행위를 해석하고 평가해 볼 수 있을 거야. 그럼 다음 순서에 따라 우리 고장 역사 인물 정보를 만들어 볼까?

**❶ 어느 시대에 활동했던 고장의 역사 인물이 있는지 찾아보세요.**

인터넷 사이트에서 우리가 사는 시, 군, 구의 이름, 시대(삼국 시대, 남북국 시대, 고려, 조선, 근대, 일제 강점기, 현대 중 하나)와 '역사 인물'이라는 검색어를 치고 어떤 인물이 있나 살펴보자.

❷ **역사 인물을 선택해 보아요.**

검색 결과 나온 인물의 기본 정보를 살펴보고 이들의 활동 분야를 확인한 다음, 한 사람을 선택하도록 해.

❸ **인물의 생애와 활동을 정리해 보아요.**

포털 사이트의 지식백과, 국사편찬위원회 '한국역사정보통합시스템(www.koreanhistory.or.kr)'의 인물 정보, 한국학중앙연구원의 '한국역대인물 종합정보 시스템(people.aks.ac.kr/index.aks)', 시청·군청·구청이나 문화원이 제공하는 지역 인물 정보를 검색해서 인물의 생애를 확인하고 주요 활동을 정리해 봐. 이 밖에도 너희 스스로 활용할 수 있는 자료를 찾아보면 더 좋겠지.

국사편찬위원회의 '한국역사정보통합시스템'과 한국학중앙연구원의 '한국역대인물 종합정보 시스템'

### ④ 인물 연표를 만들어 보아요.

인물의 생애에서 중요한 사실을 추려서 연표를 만들어 보도록 해. 연표에 들어갈 내용은 태어나고, 결혼하고, 사망하는 등 인물의 생애, 학교에 들어가거나 어떤 분야의 연구에 집중한다든지, 큰 영향을 미친 인물을 만나서 공부를 하는 등 학문이나 사상에 큰 영향을 미친 사건, 그리고 인물의 중요한 업적과 관련된 일 등을 추리면 될 거야. 그 밖에 너희가 중요하다고 생각하는 일을 넣어도 괜찮아. 연표의 형식은 어떤 일이 일어난 해나 달을 쓰고, 그때 어떤 일이 있었는지 적도록 해.

### ⑤ 인물과 관련된 기록을 찾아보아요.

선택한 인물이 활동했던 시대의 사료에서 인물의 이름을 검색해서 어떤 기록들이 나오는지 찾아 봐. 예컨대 국사편찬위원회에서는 '한국사데이터베이스(db.history.go.kr)'라는 사료 모음을 제공하고 있어. 고려 때 인물이라면 '한국사데이터베이스'의 『고려사』와 『고려사절요』에 인물 이름을 넣고, 조선 시대 인물이면 『조선왕조실록』에서 이름을 검색하면 되겠지. 근대 인물이면 『고종시대사』에서 이름을 넣어 볼 수 있고, 일제 강점기 인물이면 당시 발행된 신문에, 그리고 해방 직후의 인물이면 『자료 대한민국사』에 이름을 넣어서 어떤 기록들이 나오는지 찾아볼 수 있어. 시대별로 한꺼번에 검색해 볼 수도 있어. 더 간단하게는 인터넷 인물 사전이나 백과사전을 활용할 수도 있을 거야. 다만 이 경우 사전에 따라 내용의 상세함이나 정확성이 차이가 있으니까, 서로 비교하

국사편찬위원회 '한국사데이터베이스' 첫 화면

여 확인하는 것이 좋아.

**❻ 지금까지 찾은 인물 정보를 종합하여 제시해 보세요**

지금까지 정리한 내용을 종합해서 일정한 형식으로 제시해 보도록 해. 예를 들어, 인물 이름 – 기본 정보 – 생애 연표 – 주요 활동 – 관련 기록의 순서로 나타낼 수 있을 거야.

옆에는 정약용의 인물 정보를 만들어 본 거야. 이것을 참고로 너희 나름으로 고장의 인물 정보를 만들어 보렴. 인물 정보의 내용 요소나 형식은 너희가 적절히 바꾸어도 괜찮아.

## 우리고장 역사인물 정보

**이름:** 정약용
**태어난 곳:** 광주부(현재 경기도 남양주시)
**시대:** 조선 후기
**분야:** 실학을 종합적으로 정리하고 사회 개혁 방안을 제시한 실학자

### 주요 활동

- **한강에 배다리 제작**
  80여 척의 배를 연결한 후 그 위에 평평한 판을 얹은 배다리를 설계함.
- **수원 화성 설계**
  정조의 명으로 수원 화성 설계를 맡았으며 거중기와 유형거를 활용하여 공사 기간과 비용을 크게 줄임.
- **500여 권에 달하는 저술 활동**
  - 『경세유표』: 각종 제도 개혁 방안
  - 『흠흠신서』: 재판과 감옥 행정을 공평히 하는 방안
  - 『목민심서』: 지방 관리가 고을을 다스릴 때 가져야 할 마음가짐과 행동
- **토지 개혁 방안 제시**
  - 여전제: 마을 단위의 공동 경작
  - 정전제: 자영농 육성

### 생애

- **1762년 6월 16일** 출생
- **1776년** 실학자 이익의 학문을 접함.
- **1783년** 진사시 합격 후 성균관 입학.
- **1789년** 과거 급제 후 벼슬길에 오름.
- **1789년** 한강에 배다리 제작.
- **1793년** 수원 화성 설계.
- **1801년~1818년** 천주교를 믿었다는 이유로 서학도로 몰려 장기현(현재 경상북도 포항시), 강진(현재 전라남도 강진군)에서 귀양살이. 이 기간에 많은 책을 지음.
- **1818년** 귀양에서 풀려남. 이후 고향에서 저술 활동.
- **1836년 2월 22일** 사망.

**참고한 자료**
- 『조선왕조실록』, 국사편찬위원회 한국사데이터베이스 [https://db.history.go.kr/]
- 국사편찬위원회 한국역사정보통합시스템 https://www.koreanhistory.or.kr/
- 한국학중앙연구원 한국역대인물 종합정보 시스템 [http://people.aks.ac.kr/index.aks]
- 실학박물관 [https://silhak.ggcf.kr/]
- 남양주시청, 정약용 선생의 삶 [https://www.nyj.go.kr/culture/1174]

나오며

# 역사 공부를 하는 의미

　역사를 공부하는 게 재미있니? 아마 이 책을 읽는 너희는 역사 공부를 좋아할 것 같아. 그런데 역사 공부가 무엇이라고 생각하니? 역사는 과거에 일어난 일이지. 그래서 지금 와서 그대로 되풀이할 수도 없고 바꿀 수도 없어. 그러니까 역사는 정해져 있고, 그것을 아는 게 역사 공부라고 생각하지 않았니? 그런데 이 책을 읽고 난 지금은 어떤 생각이 들까?

　이 책에서는 우리가 공부하는 역사에는 사람의 생각이 들어가 있다고 했어. 역사적 사실은 지난날 살았던 사람의 행동이고, 거기에는 그런 행동을 한 사람의 생각이 들어가 있지. 이를 기록한 사람들도 자신의 생각에 따라 선택을 해서 기록을 했고, 옳고 그름을 평가하기도 했어. 그 기록을 보고 쓴 역사책이나 교과서에도 역사학자들의 생각이 들어가 있는 거고. 유적이나 유물을 보존하고, 박물관에서 전시를 하고, 중요한 역사적 사건이 일어난 곳에 기념물을 세우는 것은 과거의 일을 기억하기 위한 것이지만, 그 기억은 사람에 따라 달라지기도 한단다. 이 책에서는 단군 신화와 같은 설화, 『고려사』나 『조선왕조실록』과 같은 국가 기록, 편지나 일기 등과 같은 일상 자료, 유적과 유물을 통해 우리가 역사를 알게 되는 과정에서 어떤 생각들이 들어가 있는지 이야기했어. 그리고 역사를 접할 수 있는 다양한 통로를 소개하고, 이를 통해 어떻게 역사 공부를 해야 하는지도 이야기했어.

역사를 공부하면 지난날 어떤 일이 일어났는지 알게 돼. 역사를 좋아하는 사람들은 다른 사람들보다 많은 역사적 사실을 알고 있는 것이 보통일 거야. 그렇지만 역사 공부는 지난날 어떤 일이 일어났는지 아는 것만은 아니야. 왜 그런 일이 일어났고, 그 일이 당시 사회와 사람들에게는 어떤 의미가 있었는지 생각하는 거야. 그리고 그 일이 지금 우리가 공부하고 있는 것과 같은 내용으로 정리되기까지 어떤 사람들의 생각이 들어갔는지 추론해 보는 거야. 그래야 지금 우리가 왜 그런 역사를 알아야 하는지 깨달을 수 있어. 그리고 역사 공부는 거기에다가 너희의 생각을 넣는 거야. 그것은 너희의 생각이 들어간 또 하나의 역사가 될 거야.

그렇지만 한 가지 유의할 점이 있어. 역사가 지난날 일어난 일에 자신의 생각을 집어넣는 것이라고 해서 자기 마음대로 아무렇게나 생각해도 된다는 것은 아니야. 역사 기록이나 유적, 유물이 말해 주는 사실을 바탕으로 해야 하며, 기존에 알려진 역사적 사실과도 맞아야 해. 다른 사람들은 어떤 생각을 하고 있는지 들어 보는 것도 괜찮아. 그렇게 할 때 역사에 대한 너희의 생각은 한층 깊어질 거야. 다른 사람이 너희의 역사 이야기를 듣고 일리가 있다고 고개를 끄덕인다면 더욱 좋겠지. 이 책의 이야기들은 그 길잡이가 될 수 있을 거야.

그렇지만 어떤 다른 목적을 가지고 역사를 생각하거나 기억하려는 것은 아주 위험한 일이야. 일본의 역사 왜곡이나 한국 사회 안에서 역사를 놓고 논란이 벌어지는 것도 역사적 사실을 밝히려는 것이 아니라 역사를 다른 목적에 이용하려고 해서 일어나는 일이야. '역사에 겸손하라'는 말이 있어. 여기에는 지난날 역사를 되돌아보고 잘못된 일을 되풀이하지 말라는 뜻과 함께, 역사를 자기 구미에 맞게 마음대로 생각하고 전달해서는 안 된다는 뜻이 포함되어 있어. 모쪼록 역사 공부가 앞으로 너희의 생각을 풍요롭게 해 주었으면 한다.

## 참고한 책과 자료

**공통**

조선왕조실록, 국사편찬위원회 한국사데이터베이스 [sillok.history.go.kr/main/main.do].

문화재청, 국가문화유산포털 [www.heritage.go.kr].

**들어가며 | 역사는 과거에 일어난 일일까요?**

고려사, 국사편찬위원회 한국사데이터베이스 [db.history.go.kr/KOREA/item/level.do?itemId=kr&types=r].

민현구, 「묘청 일파 서경천도론의 허와 실」, 『한국사시민강좌』 36, 2005.

박종덕, 「고려 인종대 서경천도론과 풍수지리사상」, 『역사와 세계』 54, 2018.

**1장 | 역사 이야기에서 역사적 사실로**

삼국유사, 국사편찬위원회 한국사데이터베이스 [db.history.go.kr/item/level.do?itemId=sy].

성호사설, 한국고전번역원, 한국고전종합DB [db.itkc.or.kr/dir/item?itemId=BT#dir/node?grpId=&itemId=BT&gubun=book&depth=2&cate1=G&cate2=&dataGubun=%EC%84%9C%EC%A7%80&dataId=ITKC_BT_1368A].

제왕운기, 국사편찬위원회 한국사데이터베이스 [db.history.go.kr/KOREA/item/level.do?itemId=mujw&types=r].

조선왕조실록, 국사편찬위원회 한국사데이터베이스 [sillok.history.go.kr/main/main.do].

국가기록원, 국경일과 법정기념일 [theme.archives.go.kr/next/anniversary/viewMain.do].

김삼룡, 송봉화 사진, 『미륵불』, 대원사, 1991.

송호정, 『단군, 만들어진 신화』, 산처럼, 2004.

김성환, 「단군, 신화에서 역사로」, 『동북아역사논총』 76, 2022.

도진순, 「왕인 현창의 양면—민족주의와 식민주의, 연계와 변주」, 『역사학보』 226, 2015.

이승호, 「단군—역사와 신화, 그리고 민족」, 『역사비평』 117, 2016.

**2장 | 일상의 기록으로 역사를 알 수 있을까?**

한국고문서 자료관 [archive.aks.ac.kr].

박정숙, 『조선의 한글편지』, 다운샘, 2017.

심재우, 『네 죄를 고하여라—법률과 형벌로 읽는 조선』, 산처럼, 2011.

오희문, 이민수 옮김, 『쇄미록』 1·2, 올재, 2014.

임상하 엮음, 『조선시대에서 온 편지』, 논리와상상, 2018.

임상혁, 『나는 노비로소이다—소송으로 보는 조선의 법과 사회』, 역사비평사, 2020.

정창권, 『조선의 부부에게 사랑법을 묻다』, 푸른역사, 2015.

정창권, 『홀로 벼슬하며 그대를 생각하노라』, 사계절, 2003.

한국고문서학회, 『조선의 일상, 법정에 서다』, 역사비평사, 2013.

신병주, 「16세기 일기 자료 『쇄미록』 연구—저자 오희문의 피난기 생활상을 중심으로」, 『조선시대사학보』 60, 2012.

신병주, 「정조의 독서와 『일성록』」, 『선비문화』 30, 2021.

안대회, 「18세기 노비 시인 정초부」, 『역사비평』 94, 2011.

연갑수, 「『日省錄』의 사료적 가치와 활용 방안」, 『민족문화』 27, 2004.

## 3장 | 잊힌 사람, 잊힌 이야기

삼국사기, 국사편찬위원회 한국사데이터베이스 [db.history.go.kr/item/level.do?itemId=sg].

양호우선봉일기, 동학농민혁명 종합지식정보 시스템 [www.e-donghak.or.kr].

동학농민혁명기념재단 [www.1894.or.kr].

박무영·김경미·조혜란, 『조선의 여성들』, 돌베개, 2004.

박혜숙, 『허난설헌』, 건국대학교출판부, 2008.

안재성, 『항일 전사 19인—독립운동가 인물 약전』, 단비, 2000.

최혁, 『갑오의 여인 이소사』, 전남여성프라자, 2014.

권덕영, 「화랑 관창의 추억」, 『신라사학보』 24, 2012.

노경채, 「윤세주—실천적 '청년' 민족해방운동가」, 『내일을 여는 역사』 5, 2001.

정대하, 「말 타고 장흥 석대들 전투 지휘…동학혁명 여성 선봉장 이소사」, 『한겨레』, 3월 8일, 2021.

## 4장 | 다양한 눈으로 보는 역사

배경식, 『식민지 청년 이봉창의 고백』, 휴머니스트, 2015.

안재성, 『항일 전사 19인—독립운동가 인물 약전』, 단비, 2000.

오희문, 이민수 옮김, 『쇄미록』 1·2, 올재, 2014.

최영수, 『400년 조선도공의 눈물—임진왜란은 도자기전쟁이었다』, 사람들, 2014.

한국역사연구회, 『한국역사 속의 전쟁』, 청년사, 1997.

박환, 「이회영의 생애와 민족운동」, 『나라사랑』 104, 2002.

## 5장 | 유적과 유물을 어떻게 보존해야 할까?

국립고궁박물관 [www.gogung.go.kr].

국립부여박물관 [buyeo.museum.go.kr].

국립익산박물관 [iksan.museum.go.kr].

국립중앙박물관 [www.museum.go.kr].

윤용이, 『우리 옛 도자기』, 대원사, 1999.

이재정, 『친절한 우리 문화재 학교』, 길벗어린이, 2009.

전병철, 『팔만대장경도 모르면 빨래판이다』, 살림터, 2012.

크리스토퍼 히친스 외, 김영배·안희정 옮김, 『파르테논 마블스, 조각난 문화유산』, 시대의창, 2015.

박용구, 「역사기행—삼전도비의 치욕」, 『통일한국』 73, 1990.

송호영, 「누가 「파르테논 조각상」을 소유하는가」, 『문화·미디어·엔터테인먼트』 10(1), 2016.

양영모, 「삼전도비 단상」, 『월간 군사저널』 3, 2016.

문화재청, 보도자료, 「원주 법천사지 지광국사탑, 110여 년 만에 원주 고향으로」, 6월 21일, 2019.

박상현, 「법천사 원위치냐 전시관이냐…귀향 지광국사탑 행방은」, 『연합뉴스』, 7월 26일, 2019.

서경리, 「훼손된 삼전도비…'철', '거'」, 『뉴시스』, 2월 8일, 2007.

**6장 | 다양한 통로로 만나는 교실 밖 역사**

국립청주박물관 [cheongju.museum.go.kr].

창녕박물관 [www.cng.go.kr/tour/museum.web].

권용덕, 『나무 도장』, 평화를품은책, 2016.

배유안 글, 허구 그림, 『서라벌의 꿈』, 푸른숲주니어, 2012.

이영춘·이승엽, 『영화 속 역사 깊은 이야기—한국사편』, 율도국, 2020.

임경섭, 『제무시』, 평화를품은책, 2017.

차경호·송치중, 『영화와 함께 하는 한국사』, 해냄에듀, 2021.

최석조, 『김홍도의 풍속화로 배우는 옛 사람들의 삶』, 아트북스, 2008.

크리스토프 갈라즈 글, 로베르토 인노첸티 그림, 이수명 옮김, 『백장미』, 아이세움, 2003.
KBS 인사이트아시아 차마고도 제작팀, 『차마고도』, 예담, 2007.

## 7장 | 인터넷에서 역사를 공부해도 될까요?

조선왕조실록, 국사편찬위원회 한국사데이터베이스 [sillok.history.go.kr/main/main.do].

고려청자박물관 [www.celadon.go.kr].
국사편찬위원회 한국역사정보통합시스템 [www.koreanhistory.or.kr].
동북아역사재단 블로그 [blog.naver.com/correctasia].
문화재청 블로그 [blog.naver.com/chagov].
위키백과 [ko.wikipedia.org/wiki].
한국학중앙연구원 한국역대인물 종합정보 시스템 [people.aks.ac.kr/index.aks].
AR우리과학문화유산, 한국과학창의재단 어플리케이션.

김탁, 『정감록─새 세상을 꿈꾸는 민중들의 예언서』, 살림, 2005.
무적핑크, 『조선왕조실톡』 1~7, 위즈덤하우스, 2015~2017.

고성훈, 「조선후기 민중사상과 정감록의 기능」, 『역사민속학』 47, 2015.
장영숙, 「《한성신보》의 명성황후시해사건 보도 태도와 사후조치」, 『한국근현대사연구』 82, 2017.

\* 사료-인터넷 사이트-단행본-논문-신문 기사 및 기타 자료 순서로 정리한 것입니다.

## 사진 제공

**1장 | 역사 이야기에서 역사적 사실로**

국가문화유산포털 · 18, 19, 31, 35

김한종 · 37

대종교 총본사 · 21

장성 미디어센터(이창배) · 28


**2장 | 일상의 기록으로 역사를 알 수 있을까?**

국가문화유산포털 · 55, 65, 71, 72

국립민속박물관 · 49

국립중앙박물관 · 76

한국 기록유산 Encyves(류인태) · 48


**3장 | 잊힌 사람, 잊힌 이야기**

국가보훈처 · 114

김한종 · 93

논산시청 · 87

『대구일보』 강시일 기자 · 86

밀양 의열기념공원 · 104

(사)교산난설헌선양회 · 95

위키백과(Hyungsuk) · 105

윤태옥 · 108

조연희 · 97

한국관광공사 · 111

한국민족문화대백과사전(저작권 : 한국학중앙연구원, 소장처: 동국대학교 중앙도서관) · 95

**4장 | 다양한 눈으로 보는 역사**

국가문화유산포털 · 127

김한종 · 122, 125

동북아 역사넷 · 120

(사)우당이회영기념사업회 · 130

사가현 관광 연맹 · 127

한국데이터베이스산업진흥원(노상알현, 김득신, CC BY) · 137

**5장 | 유적과 유물을 어떻게 보존해야 할까?**

국가문화유산포털 · 161, 177

국립경주박물관 · 182

국립문화재연구소 · 176

국립중앙박물관 · 153, 161

김인영 · 155

김한종 · 155, 163, 166

문화재청 보도자료 · 185

문화재청 보도자료(국립중앙박물관 제공) · 161

『원주신문』 · 162

위키백과(Andrew Dunn) · 168

위키백과(Choi2451) · 175

위키백과(Laktom) · 150

위키백과(Υπουργείο Εξωτερικών) · 170

전라북도 블로그 전북의 재발견 · 181

## 6장 | 다양한 통로로 만나는 교실 밖 역사

가야문화재연구소 · 220

국립중앙박물관 · 205, 214

국립청주박물관 페이스북 · 213

김승필 · 202

밀양시청 · 199

위즈덤하우스(『차마고도』, KBS 인사이트아시아 차마고도 제작팀) · 194

위키백과(Nekitarc) · 194

평화를품은책 · 210

## 7장 | 인터넷에서 역사를 공부해도 될까요?

고려청자박물관 누리집 · 238

국립고궁박물관 · 230

국사편찬위원회 '조선왕조실록' · 233

국사편찬위원회 '한국사데이터베이스' · 256

국사편찬위원회 '한국역사정보통합시스템' · 254

김한종 · 238

동북아역사재단 누리집 · 243

문화재청 블로그 · 243

위즈덤하우스(『조선왕조실톡 1』, 무적핑크) · 228

위키백과 '임진왜란' · 240

한국과학창의재단 'AR 우리과학문화유산' · 236

한국학중앙연구원 '한국역대인물 종합정보시스템' · 254

\* 도서출판 책과함께는 이 책에 실은 모든 도판과 자료의 출처와 저작권자를 찾아 허락을 받기 위해 최선을 다했습니다. 허가를 받지 못한 일부 도판은 저작권자가 확인되는 대로 사용 허가를 받고 통상의 사용료를 지불하겠습니다.

# 초등학생을 위한 역사란 무엇인가

1판 1쇄 2022년 12월 30일
1판 2쇄 2023년 6월 28일

글 | 김한종, 김승미, 박선경
그림 | 이시누

펴낸이 | 류종필
편집 | 박병익
마케팅 | 이건호
경영지원 | 김유리
디자인 | 석운디자인

펴낸곳 | (주)도서출판 책과함께
주소 (04022) 서울시 마포구 동교로 70 소와소빌딩 2층
전화 (02) 335-1982
팩스 (02) 335-1316
전자우편 prpub@daum.net
블로그 blog.naver.com/prpub
등록 2003년 4월 3일 제2003-000392호

이 책의 저작권은 지은이 김한종, 김승미, 박선경, 그린이 이시누, ㈜책과함께에 있습니다. 이 책의 내용을 이용하려면 저작권자와 출판사 모두의 서면 동의를 받아야 합니다.
잘못된 책은 구입하신 서점에서 바꾸어 드립니다.

ISBN 979-11-91432-98-5  73900